Elisabeth Stiefel
Wera von Württemberg

Elisabeth Stiefel

Wera von Württemberg

Vom Sorgenkind zur Wohltäterin des Landes

Stieglitz Verlag

D-75415 Mühlacker

A-8952 Irdning/Steiermark

Gestaltung des Umschlags: Karl Elser Druck GmbH
Titelbild: Jugendfoto der Herzogin Wera

Bibliografische Information der
Deutschen Bibliothek
Die Deutsche Bibliothek verzeichnet diese Publikation
in Der Deutschen Nationalbibliografie;
detailliere bibliografische Daten sind im Internet
über http://dnb.ddb.de abrufbar.

ISBN-10: 3-7987-0415-5
ISBN-13: 978-3-7987-0415-2

Druck: Karl Elser Druck GmbH, Mühlacker

Inhaltsverzeichnis

Sankt Petersburg 1854

Wenn du ein Kind siehst,
hast du Gott auf frischer Tat ertappt.
(Martin Luther)

Zärtlich hielt Olga das Neugeborene im Arm, schaute gedankenverloren aus dem Fenster ihres Schlafzimmers im Petersburger Palast und betrachtete den Schnee, der seit Stunden ununterbrochen in dicken Flocken vom Himmel fiel. Wie heftig es heute wieder schneite! Der Park mit seinen alten Bäumen war hinter dem weißen Vorhang kaum noch zu erkennen. Olga liebte die kalte Pracht. In den letzten Jahren hatte sie die harten russischen Winter schmerzlich vermisst. Nirgends sonst hatte sie jemals eine solch klare, klirrende Kälte erlebt wie hier in ihrer Petersburger Heimat. Alles Leben schien sich unter die weiße Decke zurückgezogen zu haben, um dann im Frühjahr mit neuer Kraft wieder zu erwachen. Die schneebedeckte Landschaft strahlte so viel Ruhe und Geborgenheit aus. Und es gab nichts, was Olga sich mehr wünschte als Geborgenheit, Geborgenheit und Sicherheit.

Das Leben erfüllte ihr diese Sehnsucht immer nur in kleinen Dosen. Dies war ihr in den letzten Jahren schmerzlich bewusst geworden. Doch hier im Sankt Petersburger Schloss, ihrer alten Heimat, gab sie sich für einige Wochen der Illusion hin, dass es für sie doch möglich war, ein Leben in Sicherheit und Geborgenheit, umgeben von einer liebevollen Familie, zu führen.

Warum hatte sie das Schicksal oder die Liebe oder vielleicht auch das politische Kalkül ihres Vaters 1846 ins ferne Stuttgart verschlagen, wo das Heimweh oft kaum zu ertragen war? Es waren immer wieder dieselben Fragen, die sie umtrieben. Vielleicht war es von allem etwas gewesen, sinnierte sie, aber es nützt mir wenig, nach hinten zu schauen. Die Entscheidung war längst gefallen. Ich lebe in Württemberg. Dort ist mein Platz, den ich auszufüllen habe. Diese Aufgabe will ich mit aller Kraft meistern. Wenn mir doch Gott nur die eine große Bitte erfüllen würde, den Wunsch nach einem Kind! Alles, alles würde ich dafür geben und klaglos ertragen.

Olga schüttelte ärgerlich ihre blonden Locken. Warum bloß hing sie immer diesen trübsinnigen Gedanken nach? Energisch drehte sie der Fensterfront den Rücken zu. Ihr Blick fiel auf den großen Spiegel, der die gegenüberliegende Wand fast ganz ausfüllte. Nachdenklich betrachtete sie ihr Spiegelbild: eine hübsche, schlanke 31-jährige Frau in einem ausgesprochen schönen, wertvollen hellblauen Satinkleid mit einem kleinen Baby auf dem Arm. Wie gut es sich anfühlte, dieses kleine Kind auf dem Arm zu haben, seine Wärme zu spüren, die sanften Bewegungen der winzigen Beinchen an ihrer Brust zu fühlen. Warum konnte dieses Kind nicht ihr eigenes sein? Olga spürte einen dicken Kloß im Hals. Nein, sie wollte nicht weinen. Aber dann verlor sie doch die Beherrschung und konnte die Tränen nicht mehr zurückhalten. Vorsichtig legte sie das Kind auf das weiche Seidenkissen des großen Bettes, das den Raum beherrschte. Sie verbarg ihr Gesicht in den Händen und schluchzte hemmungslos. Schließlich besann sie sich.

„Nein, diese kostbare Stunde unseres Zusammenseins wollen wir nicht so vergeuden, mein kleiner süßer Schatz“, flüsterte sie zärtlich. Energisch nahm sie ein Tüchlein aus ihrer Tasche und tupfte sich die Augen ab.

Das Baby schien den Stimmungsumschwung gespürt zu haben. Instinktiv veränderte es seinen Gesichtsausdruck. Olga schien es, als lächelte es sie an. Der Säugling bewegte spielerisch seine kleinen Händchen und gab einige Laute von sich. Noch einmal strich die junge Frau sanft über den Kopf des Mädchens. Dann legte sie ihren Zeigefinger in die kleine Hand, und das Baby umklammerte ihn. Wie unendlich gut tat diese Zweisamkeit! Beide genossen sie den Zauber des Augenblicks. Am liebsten hätte Olga die Zeit angehalten. Warum konnte dieser kostbare Moment nicht ewig dauern?

Ach, das Leben war ungerecht, so grausam ungerecht. Auf der einen Seite gab es unerwartete Fülle, und auf der anderen Seite war so unendliche Leere. Bereits drei Kinder wurden ihrem Bruder Konstantin und seiner Frau Alexandra geschenkt. Die kleine Wera, die sie hier so liebevoll anlächelte, war die jüngste der drei. Auch ihr ältester Bruder Alexander, der Zarewitsch, und seine Frau Marie hatten bereits sechs Kinder, deren Lachen, Toben und Streiten im Zarenpalast in St.Petersburg oft zu hören waren. Im Stuttgarter Schloss dagegen blieb es ruhig, der heiß ersehnte Kindersegen blieb aus.

Ihre Gedanken gingen zurück in die eigene Kinderzeit. Wie gerne erinnerte sie sich an die turbulenten Jahre die sie gemeinsam mit ihren Geschwistern hier im Zarenpalast verbracht hatte. Fröhlich und unbeschwert war damals ihr Leben in Sankt Petersburg gewesen. Den Eltern war es, trotz aller majestätischen Verpflichtungen, die sie als Zaren gehabt hatten, gelungen, allen sieben Kindern eine glückliche, frohe Kindheit zu bescheren. Einsamkeit hatte es in dieser großen Kinderschar nie gegeben. Wehmut mischte sich unter die schönen Erinnerungen. Wie sehr hatte sie sich eine solche Kinderschar im württembergischen Schloss in Stuttgart gewünscht. Unvorstellbar, dass ihre große Sehnsucht nach einem Kind unerfüllt bleiben sollte. Zwar gab es in ihrem Leben auch Fülle, doch auf eine ganz andere Weise. Nachdenklich berührte sie die edlen Perlenohrringe, die ihre Ohren zierten, und betrachtete ihr Collier und das wertvolle Kleid, an dessen Taille ebenfalls Perlenbänder befestigt waren. Ja, äußerlich litt sie keine Not. Viele Menschen beneideten sie um ihren sagenhaften Reichtum. Doch wie leer sah es in ihrem Herzen aus. Olga dachte an ihren Ehemann, der so einfühlsam und dann plötzlich so zornig, ungehalten und schlecht gelaunt sein konnte. Mit wieviel Hoffnung war sie in diese Ehe gegangen. Allein der Gedanke an die Hochzeit vor fast acht Jahren, die sie in Sankt Petersburg mit so viel Prunk und Freude gefeiert hatten, und der begeisterte Empfang der Stuttgarter einige Wochen später erfüllte sie mit Stolz. Wie sehr hatten sich die Württemberger gefreut, als sie, die Ehefrau des Kronprinzen und zukünftige Königin, zum ersten Mal in die Hauptstadt eingezogen war. Unwillkürlich musste sie lächeln.

Ein Klopfen an der Tür unterbrach jäh den Ausflug in die Vergangenheit. Erschrocken erhob sich Olga Nikolajewna und rang um Fassung. Allzu schnell war der Nachmittag, den sie allein mit ihrer neugeborenen Nichte verbracht hatte, vergangen. Ja, sie hatte die Zeit genossen, doch nun traf sie der übergroße Wunsch nach einem eigenen Kind wieder mit voller Wucht. „Contenance, du bist eine Romanow“, schalt sich Olga und biss sich auf die Lippen. Der kurze Schmerz half ihr, sich auf die Gegenwart zu konzentrieren. Es war Zeit, sich wieder ihren Pflichten hier am Zarenhof zu widmen. Verlegen wischte sie sich mit einem Tüchlein nochmals über die geröteten Augen.

„Auf Wiedersehen meine liebe kleine Wera. Gott segne dich“, flüsterte sie ihrer kleinen Nichte zu.

Auf ihren Ruf öffnete sich die Tür ihres Schlafzimmers. Behutsam trat Eveline von Massenbach, die Hofdame, ein.

„Verzeihung, aber Sie werden bereits von Ihren kaiserlichen Hoheiten erwartet.“ Olga strich die edle Robe glatt, kontrollierte nochmals den Sitz des Perlencolliers und straffte die Schultern.

„Ich komme, Eveline“, nickte sie ihrer Hofdame zu und schritt durch die Tür, die Treppe hinunter. Der russische Zarenhof sollte eine selbstbewusste, würdevolle Zarentochter und zukünftige Königin Olga von Württemberg erleben. Sie würde ihre Repräsentationspflichten erfüllen, auch wenn es sie alle Kraft der Welt kostete.

Warschau 1863

Man muss weggehen können
Und doch sein wie ein Baum:
Als bliebe die Wurzel im Boden,
als zöge die Landschaft und wir ständen fest.
(Hilde Domin aus: Ziehende Landschaft)

Wera betrachtete hungrig das Omelett, das vor ihr auf dem Frühstücksteller lag, direkt neben einer Tasse mit schwarzem Tee, der verführerisch duftete. Sie griff nach der Zuckerdose und schüttete drei Löffel der süßen Köstlichkeit in ihre Tasse. Die Aussicht auf ein gutes Frühstück ließ ihr Herz höher schlagen. Sie hatte so großen Hunger. Ihr Magen knurrte. Kein Wunder, denn gestern war wieder einmal das Abendessen ausgefallen. Mit zornigen Worten hatte der Vater gestern Abend Anna, ihre Erzieherin hier in Warschau, angewiesen, sie ohne Nachtmahl in ihr Zimmer zu schicken.

Nur ungern dachte Wera an den peinlichen Vorfall zurück. Ja, sie musste sich eingestehen, dass sie wieder einmal sehr ungezogen gewesen war. Aber ihr großer Bruder Nikolai hatte sie unter dem Tisch ständig auf die Zehen getreten. Er fand das wohl besonders lustig. Dabei musste er doch wissen, wie sehr sie es hasste, wenn man sie bei den gemeinsamen Mahlzeiten ärgerte. Immer wieder war sie auf ihrem Stuhl zur Seite gerutscht,trotzdem hatte Nikolai nicht aufgehört, sie zu reizen. Als er ihr dann noch grinsend gegen das Schienbein getreten hatte, war es mit ihrer Selbstbeherrschung vorbei. Wütend hatte sie ihm den heißen Suppenteller entgegengeschleudert. Zum Glück hatte sie ihn nicht ins Gesicht getroffen, aber die hässlichen Flecken von der Suppe waren an der Wandtapete noch sichtbar. Natürlich hatte sich wieder einmal der Zorn der Eltern auf sie entladen. Anna musste sie ohne Essen in ihr Zimmer sperren. Den ganzen Abend hatte Wera heulend und schreiend allein in ihrem Zimmer verbracht. Ihr Hals schmerzte noch immer, so laut hatte sie gebrüllt und immer wieder mit den Fäusten gegen die verschlossene Tür getrommelt, doch niemand hatte sich um sie gekümmert. Sie hatte sich so schrecklich allein gefühlt. Aber jetzt wollte sie das leckere Frühstück genießen und nicht mehr an den schlimmen gestrigen Abend denken. Heute war ein neuer Tag. Wera griff nach ihrem Löffel und schob ein großes Stück des noch warmen Eieromeletts in den Mund. Sie trank einen Schluck des süßen, heißen Tees. Wie sie dieses Frühstück liebte! Ihr Bauch fühlte sich warm und geborgen an. Wera konzentrierte sich ganz auf ihre Mahlzeit. Von den Tischgesprächen und den kleinen Sticheleien ihrer Geschwister wollte sie sich heute nicht aus der Ruhe bringen lassen.

Plötzlich hörte sie einen lauten Knall. Erschrocken zuckte Wera zusammen. Ängtlich schaute Weras Mutter Alexandra ihren Ehemann Konstantin an, doch der beruhigte seine Familie.

„Es gibt nichts zu befürchten. Lasst euch nicht von eurer Mahlzeit abbringen. Seit dem missglückten Attentatsversuch letzten Monat habe ich den Soldaten Anweisung gegeben, immer wieder Präsenz zu zeigen und sich notfalls mit einigen Schüssen in die Luft Respekt zu verschaffen. So gewöhnen sich diese Polen endlich daran, dass hier der russische Statthalter das Sagen hat." Energisch ballte er die Faust. „Schließlich sind wir jetzt schon bald ein halbes Jahr hier. Von diesem Polenpack lassen wir Russen uns nicht auf der Nase herumtanzen. Bleibt ganz ruhig. Wir lassen uns doch nicht unser Frühstück vermiesen. Unsere russischen Soldaten werden den polnischen Aufständischen schon zeigen, wer hier Herr im Land ist."

Bedächtig zerteilte Konstantin sein Frühstücksbrot. Auch seine Frau Alexandra und die sechs Kinder, die artig um den Frühstückstisch saßen, ließen sich nicht stören.

Wieder gab es einen lauten Knall. Wera erstarrte. Hörte das denn nie auf? Sie hasste diese Schüsse, die von der Palastwache immer wieder unvermittelt abgegeben wurden. Der Lärm erinnerte sie Tag für Tag an den Attentatsversuch auf ihren Vater. Entsetzt schloss Wera die Augen, aber es half nichts. Die Bilder von dem schrecklichen Vorfall letzten Monat ließen sich nicht abschütteln. Immer wieder durchlebte sie dieses furchtbare Ereignis in ihren Wachträumen noch einmal. Sie sah aufgebrachte Männer, die mit Bajonetten laut brüllend durch die Gegend rannten und aufeinander einstachen. Überall Blut. Die Männer versuchten zu töten, ja sogar ihren Vater wollten sie ermorden. Wera hörte nur noch ein Rauschen in ihren Ohren, das immer lauter wurde und schließlich alles andere übertönte. Angst und Entsetzen verdrängten mit einem Schlag den Frieden am Frühstückstisch, krochen mit Macht durch alle Glieder und ließen Wera erstarren.

„Nein, nein!“ Sie schrie laut auf. Schließlich gelang es ihr, die Augen zu öffnen. Sie spürte die Tränen, die ihr über die Wangen rollten. Verwirrt schaute sie sich um. Keinen Bissen brachte sie mehr hinunter. Wütend warf sie das Besteck zur Seite und legte ihren Kopf schluchzend auf den Teller. Kaum merkte sie, wie das Entsetzen sich mit lautem Schreien aus ihrem Mund Bahn brach. Warum nur kamen diese schrecklichen Bilder immer wieder zurück? Sie zitterte. Angst beherrschte sie, unvorstellbare Angst, die ihr jetzt die Kehle zuschnürte. Lautes Rufen gellte in ihren Ohren.

„Hallo!“ tönte es neben ihr. „Hallo, kleine Schwester, hast du wieder einen Anfall? Was hat dich denn dieses Mal so aus der Fassung gebracht?“

Starr vor Schreck schaute Wera in die spöttischen Augen ihres großen Bruders Nikolai. Wie konnte er in einer solchen Situation scherzen? Unvermittelt sprang sie auf. Jetzt machte sich ihr Entsetzen durch einen unbändigen Zorn Luft. Mit aller Kraft schlug Wera auf Nikolai ein. Schließlich griff sie nach dem nächstbesten Teller und versuchte diesen ihrem Bruder an den Kopf zu schleudern.

„Sei still, du hast ja keine Ahnung. Du blöder Kerl!“

Geistesgegenwärtig bückte sich der Junge, und mit einem lauten Knall zerschellte der Teller an der Wand.

Aus den Augenwinkeln erkannte Wera, dass Anna, herbeigeeilt war. Sie spürte den festen Griff der Erzieherin an ihrem Arm.

„Au, du tust mir weh!“ brüllte Wera und versuchte sich mit aller Kraft aus der Umklammerung zu winden.

Sie schrie, kratzte, trat und schlug um sich. Schon kam ein Diener zu Hilfe, und alles Treten und Kämpfen half nichts. Wera wurde aus dem Speisesaal gebracht und fand sich schließlich in ihrem Kinderzimmer wieder. Mit Entsetzen hörte sie, wie die Tür abgeschlossen wurde. Panisch trommelte sie dagegen und rüttelte am Türgriff.

„Ich will hier raus“, rief sie aus Leibeskräften. Keiner schien sie zu hören. Schließlich resignierte sie. Sie ließ sich auf den Boden fallen und kauerte sich in eine Ecke des Kinderzimmers.

Das Weinen wurde langsam zu einem Wimmern. Die Schmerzen in ihren blutenden Fingerknöcheln, mit denen sie gegen die Zimmertür geschlagen hatte, brachten sie allmählich wieder in die Realität zurück. Sie versuchte, sich das Ereignis am Frühstückstisch nochmals in Erinnerung zu rufen. Was war passiert? Warum war dieser Vormittag wieder einmal so furchtbar verlaufen? Warum konnte sie dieses schlimme Attentat auf ihren Vater nicht vergessen, wie ihre anderen Geschwister es taten? Vater hatte ihr doch immer wieder erzählt, dass die Verbrecher längst zur Rechenschaft gezogen worden waren und den verdienten Tod gefunden hatten. Warum musste sie trotzdem immer wieder daran denken? Wie gerne wäre sie so wie ihr großer Bruder Nikolai, der mit seinem fröhlichen Lachen der Liebling der Eltern, ja des ganzen Hofes war. Warum war sie nicht wie ihre ältere Schwester Olga, so schön und charmant? Die Mama war so stolz auf ihr großes Mädchen, das von Adligen aus ganz Europa als potenzielle, attraktive Heiratskandidatin umschwärmt wurde. Und sie, Wera? Sie wurde immer wieder von ihren Wutanfällen übermannt. Hinterher tat es ihr stets unsagbar leid. Aber dann war es, so wie jetzt wieder, zu spät. Sie war und blieb der Zornigel, der Wutteufel, so hatte sie die Mutter erst gestern genannt. Wera schluchzte leise.

Sie hörte ein vorsichtiges Klopfen. Dann wurde der Zimmerschlüssel umgedreht. Anna erschien in der Tür, in der Hand hielt sie ein Frühstückstablett. Wera schaute die Erzieherin mit verquollenen Augen an.

„Bitteschön, das Frühstück. Deine beiden großen Geschwister sind längst beim Unterricht.“ Anna ging ins Ankleidezimmer und brachte Wera frische, saubere Kleidung. Dann wischte sie ihr über das tränenverschmierte Gesicht. „Du musst frühstücken, nachdem du gestern Abend ja auch nichts gegessen hast. Das ist nicht gut für dich. Wenn du gegessen hast, kleidest du dich ordentlich an und begibst dich gesittet in den Schulraum. Wenn du nichts lernst, bleibst du nicht nur ungezogen, sondern auch dumm.“ Ohne eine Antwort Weras abzuwarten, verließ Anna das Zimmer.

Nun realisierte Wera erst, wie hungrig sie war. Gierig verschlang sie das Eieromelett, das längst kalt geworden war, und trank den abgestandenen Tee. Es schmeckte dennoch lecker. Viel zu schnell war die Mahlzeit beendet. Wera merkte, wie sie ruhiger wurde. Das Frühstück hatte ihr gut getan. Sie spritzte sich kaltes Wasser aus der Waschschüssel ins Gesicht, dann zog sie sich das frische Kleid an, das ihr Anna aufs Bett gelegt hatte. Ab heute soll alles anders werden, nahm sie sich wieder einmal vor. Sie wollte freundlich sein wie Nikolai und wohlerzogen wie Olga. Ja, alle sollten sich wundern über die neue Wera, die von nun an voller Selbstbeherrschung und immer freundlich ihres Wegs gehen würde. Gemessenen Schrittes, so wie es ihr die Gouvernante schon oft gezeigt hatte, schritt sie die Treppe hinunter Richtung Unterrichtsraum.

Vor der Tür des Salons ihrer Eltern blieb sie stehen. Die Tür war nur angelehnt, und so konnte sie gut verstehen, was gesprochen wurde.

„Das Kind ist nicht mehr tragbar, meine Liebe. Gestern habe ich ärztlichen Rat bei Dr. Haurowitz eingeholt. Er sieht keine Besserung, keinen Ausweg. Die Kleine muss in eine Anstalt. Es kann nicht sein, dass ein Mitglied die ganze Familie und unser aller Ansehen in Misskredit bringt."

Entsetzt lauschte Wera den harten Worte ihres Vaters. Von wem redete er? Jetzt hörte sie die Stimme ihrer Mutter:

„Aber Konstantin, gibt es denn keine andere Lösung? Ich meine, diese Irrenanstalten sind doch furchtbar. Eine Anstalt – wie peinlich. Die ganze Verwandtschaft würde mit dem Finger auf uns zeigen. Außerdem sind die Zustände in diesen Häusern katastrophal. Konstantin ich bitte dich." Alexandras Ton wurde immer aufgeregter. „Da kommt kein Mensch mehr lebendig heraus. Unsere Wera ist noch ein Kind, wenn auch kaum zu bändigen. Ja, sie ist zugegebenermaßen manchmal schrecklich, aber wir können sie doch nicht einfach wegsperren."

Wera erstarrte. Hier ging es um sie. Es gab keinen Zweifel, die Eltern sprachen von ihr. Wera presste ihr Ohr an die Tür, um besser verstehen zu können.

„Ich weiß keine andere Lösung. Der Zar hat schon in Hannover bei deiner Schwester Marie vorgefühlt, ob sie

Wera eventuell in ihre Obhut nehmen will." Alexandra unterbrach ihren Mann mit schneidender Stimme:

„Du weißt genau, wie ich es hasse, wenn dein Bruder sich in unsere Familienangelegenheiten mischt. Nicht nur, dass er dich in dieses furchtbare Warschau geschickt hat. Jetzt bestimmt er auch noch unsere Kindererziehung. Er überschreitet damit seine Befugnisse bei weitem."

„Sei vorsichtig, was du sagst, meine Liebe. Alexander wollte doch nur, dass unser Familienleben wieder in ruhigeren Bahnen verläuft. Wera war schon in den Jahren am Petersburger Hof wild und ungezogen. In den Monaten seit wir hier in Warschau sind, wurde ihr Benehmen katastrophal. Der Zar sieht selbst, wie problematisch das Leben für uns alle hier in Warschau ist."

„Konstantin, auch wenn dein Bruder Alexander Zar von Russland ist, kann er nicht über unsere Familie bestimmen. Du weißt, wie sehr ich bereits in Petersburg unter deiner Mutter und dem permanenten Einfluss des Zaren gelitten habe. Hört dieser Druck denn nie auf?" Alexandras Stimme überschlug sich.

„Beruhige dich bitte, meine Liebe." Wera merkte, wie ihr Vater mit aller Kraft versuchte, seinen Zorn über die Worte seiner Frau in Zaum zu halten. „Du wusstest sehr genau, was dich erwartete, als du in die Zarenfamilie eingeheiratet hast. Du gehörst nun schon seit Jahren zu den Romanows mit allen Konsequenzen."

„Aber das bedeutet nicht, dass mein ganzes Leben und das unserer Kinder darunter leiden muss. Das lasse ich mir nicht bieten."

Wera drängte es mit aller Macht, wegzulaufen. Jetzt stritten die Eltern wieder, und das mochte sie überhaupt nicht. Aber sie musste wissen, was hier geredet wurde. So zwang sie sich, zu bleiben und zu lauschen. Wera konnte die Wut in der Stimme des Vaters hören, als er fortfuhr.

„Das Leben als Mitglied der Zarenfamilie ist nun mal ein ganz besonderes. Wir Romanows müssen zuerst an unsere Aufgaben und Verpflichtungen für unser Heimatland Russland denken. Unsere Verantwortung geht weit über die eigenen Familienangelegenheiten hinaus. Da darf es nicht sein, dass durch ein Familienmitglied das Ansehen der ganzen Sippschaft, ja des ganzen Landes leidet."

„Was willst du damit andeuten, Konstantin? Ich bin keinesfalls bereit, meine Familie für die Staatsräson zu opfern. Niemals!" Aus Alexandras Reaktion klangen Angst, aber auch Zorn.

„Du siehst doch selbst, dass Weras Verhalten für uns alle nicht nur unangenehm und belastend ist. Es entwickelt sich allmählich zu einer Katastrophe, die nicht mehr zu kontrollieren ist."

„Was redest du denn da. Sie ist ein Kind." Konstantin ging auf den Einwurf Alexandras nicht ein. Er fuhr fort:

„Stell dir einmal vor, das Mädchen mit seinen unbeherrschbaren Aggressionen wird erwachsen. Wie wird dann die Zukunft aussehen? Du weißt, was in der Bibel steht: Es ist besser, dass ein Glied umkomme als dass der ganze Leib in die Hölle geworfen werde. Es klingt hart, ich weiß, aber lieber gebe ich ein Kind weg und rette dadurch die anderen Geschwister und die ganze Familie, als dass schließlich alle an dieser Situation zugrundegehen." Ein tiefer Seufzer begleitete die Worte Konstantins. „Leider hat deine Schwester sich geweigert, unsere Tochter aufzunehmen. Also bleibt nur die Anstalt."

„Nein, das lasse ich nicht zu. Es muss einen anderen Weg geben.“ Alexandra zögerte kurz, dann sprach sie weiter. „Wie wäre es, wenn wir Olly in Stuttgart fragen? Deine Schwester hat doch einen Narren an Wera gefressen. Erinnerst du dich? Sie war in Petersburg während Weras Geburt.“ Wera hörte, dass ihre Mutter aufgesprungen war und mit schnellen Schritten durch den Raum lief. „Von Anfang an konnte Olga sich an der Kleinen nicht satt sehen. Wie sehr hat sie mich um das Baby beneidet, die Arme, wo sie doch so gern ein eigenes Kind gehabt hätte. Zudem ist sie Weras Patentante. Bei jedem ihrer späteren Besuche hat sie sich stets ganz besonders um sie gekümmert. Wera war schon immer ihr spezieller Liebling.“

Überrascht antwortete Konstantin:

„Das wäre natürlich eine Lösung. Könntest du dir das vorstellen, Alexandra? Wera kommt zu Olga nach Stuttgart? Denkst du, das könnte gutgehen?“

„Nun ja, wir können es versuchen. Wir werden Wera einige Zeit nach Stuttgart schicken, und unser Familienleben würde endlich wieder ruhiger, du wirst sehen.“ Alexandras Stimme klang jetzt ganz aufgeregt. „Konstantin, vielleicht ist das die Rettung! Olga hat endlich ein Kind zu bemuttern, und wir haben hier ein Problem weniger. Wir müssen die ganze Angelegenheit deiner Schwester nur mit den richtigen Worten unterbreiten.“

Wera hatte genug gehört. Sie war entsetzt. Die Eltern wollten sie loswerden, dies war ihr einziger Gedanke. Was für ein schrecklicher Plan. Sie fühlte sich wie ein

Vögelchen, dessen Eltern sich anschickten, es vorzeitig aus dem Nest zu werfen. Wera schluckte. Dabei hatte sie sich doch gerade gestern Abend erst fest vorgenommen, von nun an ein anständiges, liebenswertes Mädchen zu werden. Sie lief den Gang entlang Richtung Unterrichtsraum. Wenn der Vater merken würde, dass sie gelauscht hatte, würde alles noch viel schlimmer. Artig, als wäre nichts geschehen, ging sie zu ihren Geschwistern, um dem für heute Vormittag angesetzten Unterricht des Hauslehrers zu folgen.

Das unerfreuliche Gespräch ihrer Eltern hatte Wera schon fast vergessen, da niemand mit ihr darüber redete. Vielleicht, so hoffte sie, war alles längst im Sande verlaufen. Einige Wochen später jedoch, als die Familie beim Abendessen beisammen saß, räusperte sich Großfürst Konstantin.

„Wera, deine Mutter und ich haben beschlossen, dass du für einige Zeit zu deiner Tante Olly nach Stuttgart reisen sollst. Wir denken, so ein Wechsel wird dir guttun. Tante Olly hat eine Depesche geschickt, sie freut sich schon auf dich."

Im ersten Augenblick blieb Wera der Bissen im Mund stecken. Zuerst wollte sie aufspringen und den Eltern erklären, sie lasse sich nie und nimmer nach Stuttgart abschieben. Ihre Gedanken überschlugen sich. Die Eltern wollten sie einfach nach Stuttgart schicken, ohne sie vorher zu fragen. Warum kümmerte es niemanden, was sie selbst wollte? Warum wurde sie behandelt wie ein Baby? Wut und Enttäuschung über die Entscheidung der Eltern hielten sich die Waage. Dann fiel ihr Blick auf die große Schwester Olga. Die schaute sie blass vor Neid an. Bevor Wera ein Wort sagen konnte, fragte Olga mit erstickter Stimme:

„Das ist gemein. Warum darf Wera zu Tante Olly reisen und nicht ich? Ich bin schließlich die Ältere und würde gern einmal ganz allein nach Stuttgart fahren. Wera ist immer so bockig und böse, und jetzt darf sie zu Tante Olly, und wir müssen hier in diesem blöden Warschau bleiben."

Mit weit aufgerissenen Augen starrte Wera ihre Schwester an. Dann schluckte sie Zorn und Enttäuschung hinunter. War die Reise nach Stuttgart vielleicht gar keine Sanktion, sondern ein Privileg? Olga sah das offensichtlich so, sonst wäre sie nicht so neidisch. Wera atmete tief durch und schwieg. Sie musste zuerst ihre Gedanken sortieren.

Einige Tage später merkte sie, dass ihre Abreise längst beschlossene Sache war. Wie gelähmt, gefangen zwischen Abschiedsschmerz und Reisefieber, ließ sie die Vorbereitungen für die große Fahrt an sich vorüberziehen.

„Wann fahren wir los?", erkundigte sie sich ruhig und mit größter Selbstbeherrschung, doch in ihr brodelte es. Plötzlich wusste sie überhaupt nicht mehr, was sie von der ganzen Angelegenheit halten sollte. War es nun eine Strafe oder eine Auszeichnung, dass sie zu Tante Olly reisen durfte? Sie war sich nicht mehr sicher. Aber sie würde das Beste aus der Sache machen, schwor sie sich. Das war ihre Chance. Endlich stand sie im Mittelpunkt und nicht Olga. Sie würde allen zeigen, dass sie diese Reise nach Stuttgart schaffen würde.

„Wann geht es los?“ wiederholte sie noch einmal ihre Frage, da ihre Mutter nicht gleich geantwortet hatte.

„Sobald du reisefertig bist. Du wirst noch vor Weihnachten in Stuttgart erwartet. Anna wird dir helfen, die Dinge auszusuchen, die mit nach Stuttgart kommen. Dr. Haurowitz wird dich begleiten“, erklärte die Mutter.

„Ihr fahrt nicht mit?“ Nun wurde es Wera doch ein wenig bange.

„Nein, die Reise wirst du allein mit dem Arzt machen. Er wird dich wohlbehalten in Stuttgart abliefern. Wir werden später nachkommen, um zu prüfen, wie die ganze Angelegenheit sich entwickelt“, antwortete Konstantin.

Wenn Vater mit dieser resoluten Stimme redete, war es besser, nicht weiter zu fragen, das wusste Wera aus Erfahrung. Die Entscheidung war gefallen. Sie musste sich fügen, und da war es besser, sich vor den Geschwistern keine Blöße zu geben. Sie wollte stark sein oder, wenn sie es nicht konnte, wenigstens vor den anderen stark erscheinen.

Stuttgart 1863

Dies ist aller Gastfreundschaft tiefster Sinn
Dass ein Mensch dem anderen Rast gibt
Auf der großen Wanderschaft
Zum ewigen Zuhause.
(Romano Guardini)

„Wera wach auf. Jetzt sind wir gleich am Ziel unserer Reise. Du musst dich auf die Begegnung mit den Hoheiten und dem württembergischen Hof vorbereiten."

Wera öffnete mühsam die Augen, als sie die Stimme von Dr. Haurowitz hörte. Sie streckte sich vorsichtig. Alle Knochen taten ihr weh. Wie zerschlagen fühlte sie sich nach der langen Fahrt. Sie schüttelte den Kopf, reckte und streckte sich noch einmal. Dann schaute sie sich in der engen Reisekutsche um und musste sich zuerst einmal orientieren. Wo war sie denn jetzt?

Zu viele unterschiedliche Eindrücke waren in den vergangenen Wochen auf sie eingestürmt. Die Landschaften, durch die sie gefahren waren, hatten sich immer wieder verändert. Unzähligen verschiedenen Menschen waren sie begegnet, deren Sprache sie manchmal nicht einmal verstand.

Wie so oft in den vergangenen Tagen gingen ihre Gedanken wehmütig zurück nach Warschau, zurück zu jenem Vormittag, an dem sie Abschied nehmen musste von ihren Eltern und Geschwistern. Noch immer spürte Wera einen harten Kloß in ihrer Kehle und konnte kaum die Tränen zurückhalten, wenn sie daran dachte. Trotz des heftigen Schneegestöbers hatte es sich die Familie nicht nehmen lassen, Wera bis zum wartenden Schlitten zu begleiten. Noch einmal umarmte und küsste Wera unter Tränen ihre Lieben, dann stieg sie in den bequemen, mit vielen warmen Fellen ausgelegten Reiseschlitten. Doch die vielen Pelze konnten nicht verhindern, dass sie am ganzen Körper zitterte, ob vor Kälte, Aufregung oder Abschiedsschmerz, das vermochte sie nicht zu unterscheiden. Der letzte Anblick, als die Eltern und Geschwister vor dem Warschauer Schloss standen und winkten, hatte sich unauslöschlich in ihr Herz eingeprägt. Lange wandte sie den Blick zurück, so lange, bis die Familie immer kleiner und undeutlicher wurde und schließlich nicht mehr zu sehen war. Am liebsten hätte sie den Schlitten und die Pferde angehalten, die in unerbittlich schnellem Galopp die Allee entlangliefen. Doch unaufhaltsam war der Abstand zu ihren Lieben größer geworden. Wann würde sie ihre Familie wohl wiedersehen?

Später stiegen sie vom Reiseschlitten in die moderne Eisenbahn. Die Zugfahrt war eine aufregende Sache. Am Anfang konnte sich Wera an den Waggons und der rauchenden, lauten Dampflok nicht sattsehen. Alles war so neu, so spannend. Aber im Lauf der Zeit war die tagelange Reise mit dem Zug unsagbar langweilig geworden. Der Eisenbahnwaggon ließ nur wenig Bewegungsspielraum. Und Dr. Haurowitz, ihr Leibarzt, der sie nach Stuttgart begleitete, war kein sehr geselliger Mensch. Dies ärgerte Wera am allermeisten, denn so dehnte sich die ohnehin sehr lange Reise unendlich. All das Neue, das zu Beginn die Fahrt so spannend gemacht hatte, verlor allmählich den Reiz des Neuen und wurde zur Gewohnheit. Die letzten Kilometer legten sie in einer vornehmen Kutsche zurück, die ihnen Tante Olly entgegengeschickt hatte. Dieses Gefährt war zwar bequemer, aber noch viel enger als ein Eisenbahnwaggon. Jetzt hatte Wera endgültig die Nase voll vom Fahren und Eingezwängtsein.

In ihren Füßen kribbelte es, als hätten sich Tausende Ameisen darin eingenistet. Immer wieder musste sie aufspringen und wenigstens ein paar Mal umherhüpfen, sonst hielt sie es nicht mehr aus. Sie konnte einfach nicht mehr stillsitzen. Wohl registrierte sie die missbilligenden Blicke von Dr. Haurowitz, aber das störte sie nicht. Diese lange Reise wurde ihr allmählich immer mehr zur Qual.

Nun war sie doch tatsächlich noch auf den letzten Kilometern in der Reisekutsche eingeschlafen. Dabei kam jetzt der spannendste Teil der Reise. Gleich würde sie beim Stuttgarter Kronprinzenpalais von Tante Olly und Onkel Karl vorfahren und dort empfangen werden. Wera versuchte, so gut es ging, in der engen Kutsche ihr Kleid glattzustreichen und fuhr sich über die zerzausten Haare. Dann schaute sie aus dem Fenster, aber sie konnte nur wenig erkennen von Stuttgart. Es hatte zu schneien begonnen, und der leichte Schneefall ließ nur einen eingeschränkten Blick auf die Welt außerhalb des edlen Gefährts zu. Die wenigen Häuser, die sie erkennen konnte, sahen aus wie gepudert. Der Schnee kleidete die Stadt, die in der nächsten Zeit zu ihrer Heimat werden sollte, in einen zarten weißen Schleier. Wohlwollend überdeckte er das triste Grau der Häuser und das lehmige Braun der aufgeweichten Straßen. Fast schien es, als hätte sich die württembergische Landeshauptstadt zu Ehren der Ankunft der jungen russischen Großherzogin in sanftes, ja festliches Weiß gekleidet, um von ihren dunklen Seiten abzulenken.

Plötzlich musste Wera lachen. Auf der Straße war es lebhaft geworden. Die Kutsche war doch tatsächlich durch ein tiefes Matschloch gefahren. Wie eine riesige braune Fontäne war der schmutzige Schlamm in die Höhe gespritzt. Die Menschen am Straßenrand versuchten sich mit schnellen Schritten vor der dreckigen Brühe, die sich über sie ergoss, in Sicherheit zu bringen, was aber meist vergebens war. Das sah vielleicht lustig aus. Einige Passanten waren von oben bis unten mit graubraunem Schneematsch bespritzt. Wütend entfernten sie den gröbsten Schmutz von ihren nassen Kleidern.

Bald darauf blieb die Kutsche mit einem Ruck stehen. Fast wäre Wera von der Bank gerutscht.

„Wir sind da!" Die Stimme des Arztes klang erleichtert.

Aufgeregt sprang Wera auf. So lange hatte sie, teils mit Bangen, teils mit Vorfreude, auf diesen Augenblick hingelebt. Sie konnte es kaum erwarten, die Tür zu öffnen und hinauszuhüpfen. Hinter ihr zwängte sich Dr. Haurowitz so vornehm, wie es die Umstände erlaubten, aus der Kutsche. Hilfesuchend blickte sich Wera um. Hier sah es so ganz anders aus, als sie es sich in ihren Träumen ausgemalt hatte. Bei ihren Besuchen in Petersburg hatte Tante Olly Stuttgart doch immer in den schönsten Farben beschrieben. Was sie hier sah, konnte in keinster Weise einem Vergleich mit dem Petersburger Zarenpalast standhalten. Wo war sie nur hingeraten? Und überhaupt: Wo war Tante Olly? Eine vornehme Dame schritt gemessenen Schrittes die Treppe herunter. Sie reichte zuerst dem begleitenden Arzt, dann Wera die Hand zur Begrüßung.

„Herzlich willkommen in Stuttgart. Mein Name ist Eveline von Massenbach. Ich bin die Hofdame Ihrer Hoheit, der Kronprinzessin. Ich hoffe, Sie hatten eine angenehme Reise. Die Hoheiten erwarten Sie oben im Salon."

Wera stutzte So hatte sie sich die Begrüßung nicht vorgestellt. Wie oft hatte sie davon geträumt, wie die Tante auf der obersten Treppenstufe ihre Nichte ungeduldig erwarten würde. Tante Olly würde mit strahlenden Augen und voller Freude auf sie zukommen. „Meine aller-allerliebste Wera", würde sie glücklich sagen. „Ich freue mich so, dass du da bist. Schon immer habe ich mir gewünscht, dass du zu mir kommst. Du bist doch meine Lieblingsnichte." Dann würden sie einander lachend in die Arme fallen, so wie sie es in Petersburg immer gemacht hatten. Doch nun stand hier diese Frau, unnahbar und kalt wie die Eiszapfen, die sich am Dach des Kronprinzenpalais festkrallten.

Wera stürmte an Frau von Massenbach vorbei die Treppe hinauf. Sie wollte zu ihrer Tante Olly. Aus den Augenwinkeln konnte sie den missbilligenden, ja entsetzten Blick der Hofdame wahrnehmen. Egal. So lange war sie nun unterwegs gewesen, hatte sich auf die Patentante gefreut. Nun wollte sie endlich Tante Olly in die Arme schließen. Auf dem oberen Treppenabsatz der großen breiten Treppe hielt Wera inne. Woher sollte sie wissen, wo sie die Tante finden würde? Sie schaute sich suchend um, hier waren so viele Türen. Alles war fremd, kein Mensch war zu sehen. Plötzlich fühlte sich Wera grenzenlos einsam. Wo war die Tante, die doch versprochen hatte, sie in Empfang zu nehmen, die Tante, auf die sie sich so gefreut hatte? Sie beschloss, sich bemerkbar zu machen. So laut sie konnte, rief sie:

„Tante Olly! Hallo! Ich bin hier. Wo bist du?“ Wera schaute sich um. Zunächst blieb alles ruhig. Dann öffnete sich eine Tür. Nun war endlich der Moment gekommen, den sich Wera in den letzten Wochen so oft ausgemalt hatte: Olga erschien im Türrahmen. Wera rannte jubelnd auf sie zu, wollte sie umarmen.

„Aber, aber, mein Kind, Contenance. Nicht so stürmisch. Du wirfst mich ja um. Pass auf meine Robe auf, du bist hier in einem Schloss. Hier hast du dich zu benehmen. Wir sind hier nicht im wilden Russland.“ Etwas gezwungen lachte die Kronprinzessin und nahm ihre Nichte dann zärtlich in den Arm.

„Herzlich willkommen zu Hause, meine Liebe.“ Wera erstarrte. Zu Hause? Hier war nicht ihr Zuhause! Ihr Zuhause war da, wo die Eltern und Geschwister lebten. Dort durfte sie rennen, schreien und toben. Ihren Vater hatte es nie gestört, wenn seine Kinder bei ihren wilden Spielen über die Stränge schlugen. Jetzt, nachdem sie die lange Reise so einsam unter lauter Erwachsenen und eingezwängt in Zugwaggon und Kutsche hinter sich gebracht hatte, sehnte sie sich danach, sich endlich austoben zu können. Und nun erwartete die Tante Contenance? Sie wollte postwendend nach Hause. Dorthin, wo ihre Geschwister waren, wo sie sich nicht so grenzenlos einsam fühlte. Der dicke Kloß in ihrem Hals, der während der langen Reise sich immer wieder bemerkbar gemacht hatte, brach sich nun mit aller Macht Bahn in Form einer Tränenflut. Wera stieß die Tante enttäuscht und zornig von sich.

„Hier ist nicht mein Zuhause! Ich will zu meiner Mama. Du bist nicht meine Mama!“ schrie sie immer wieder. Sie setzte sich in einer Ecke auf den Boden, barg ihr Gesicht in den Händen und schluchzte bitterlich. Nein, so hatte sie sich das alles hier nicht vorgestellt.

Vertieft in ihren unsäglichen Schmerz und ihr Heimweh, nahm sie nur am Rande wahr, dass Onkel Karl das Zimmer betreten hatte. So gut es ging, versuchte sie, ihr Weinen zu unterdrücken. Auf dem Boden kauernd lauschte sie auf das leise Gespräch zwischen dem Kronprinzenpaar.

„Was ist denn hier los?“, hörte Wera die tiefe Stimme ihres Onkels. „Tränen? An diesem Freudentag? Ach, meine Liebe, du hast dich doch so gefreut auf deine Nichte. Was ist denn passiert?“ Onkel Karl nahm seine Frau in den Arm. Wera schien er nicht zu beachten.

„Ach Karl.“ Olga tupfte mit einem weißen Tüchlein eine Träne aus den Augenwinkeln. „Wie habe ich diesen Tag herbeigesehnt. Er beherrschte meine Gedanken Tag und Nacht. Seit Wochen träume ich von einem strahlenden Kind, das mir voller Freude entgegenlaufen, das ich zärtlich in die Arme nehmen würde. Endlich würde diese Leere in meinem Herzen gefüllt, endlich Mutter sein. Alles habe ich für ihren Empfang vorbereitet – und nun dieses Desaster! Wir konnten ihr noch nicht einmal das schöne Zimmer zeigen, das ich so liebevoll herrichten ließ. Nein, so habe ich mir meine Aufgabe als Ersatzmutter nicht vorgestellt."

Wera hatte genug gehört. Hatte ihre Schwester Olga also doch recht, die ihr zwei Tage vor ihrer Abreise voller Neid und Wut entgegengeschleudert hatte: „Du bist sowieso nur das Ersatzkind von Tante Olly"?

Zornig schaute die kleine Großherzogin ihre Tante an.

„Du, du hast mich von meinen Eltern weggeholt. Du bist ja so gemein. Du hast mich nur genommen, weil du kein eigenes Kind hast. Ich bin nur ein Ersatzkind. Niemand will mich wirklich. Keiner hat mich lieb. Ich will nach Hause!"

Erschrocken schaute Olga ihre Nichte an.

„Aber mein Schatz, so habe ich das doch nicht gemeint Natürlich habe ich dich lieb." Die Worte erreichen zwar das Ohr, nicht jedoch die Seele der tief verletzten Wera. Vorsichtig kniete sich Olga nieder und strich dem Mädchen über den Kopf. „Ach, mein Liebling. Wir müssen uns wohl beide erst aneinander gewöhnen. Es wird nicht einfach für uns alle", murmelte sie beruhigend. „Aber wir werden, wir müssen es schaffen. Es wird alles gut werden. Ich habe es deinen Eltern versprochen." Doch das laute Weinen übertönte Olgas tröstende Stimme.

„Aber, aber, meine beiden Damen, ihr Lieben", etwas unbeholfen versuchte Karl sich in dem Tohuwabohu Gehör zu verschaffen, „jetzt werden wir erst einmal gemeinsam das Abendessen einnehmen. Ihr werdet sehen, dann sieht die Welt gleich ganz anders aus. Eine gute Mahlzeit hält Leib und Seele zusammen."

Gehorsam erhob sich Wera und ließ sich von der Tante in den Speisesaal geleiten. Erstaunt betrachtete sie die lange Tafel, auf der sich nur drei Gedecke befanden. Stumm setzte sie sich an den angewiesenen Platz und ließ das Tischgebet über sich ergehen. Ein Diener servierte eine heiße Suppe. Wera starrte auf ihren Teller und begann zu essen. Es gab ein unangenehmes lautes Kratzen, als sie mit ihrem Löffel den Grund ihres Porzellantellers berührte. Sie zuckte zusammen. Noch nie waren ihr die Geräusche des Essens so störend vorgekommen wie heute. Zu Hause, da gab es auch eine lange Tafel, aber dort war die große Familie versammelt. Es wurde geredet, gelacht, ja oft auch gestritten. Es fiel überhaupt nicht auf, wenn ihr Benehmen bei Tisch nicht ganz korrekt war. Erst wenn der Lärm und das Geschrei überhand nahmen, griff der Vater ein. Hier klang jedes Geräusch unangenehm laut. Jede noch so kleine Ungeschicklichkeit fiel auf. Wera wurde immer unsicherer. So konnte man doch nicht essen, wenn jede Bewegung beobachtet wurde. Wie oft hatte sie sich mit den Geschwistern bei Tisch geneckt. Insbesondere Nikolai hatte sie immer wieder geärgert. Manchmal hatte sie sich vorgestellt, wie schön es wäre, als Einzelkind, ohne störende Geschwister, aufzuwachsen. Jetzt, an diesem Abend, konnte sie diesen Wunsch überhaupt nicht mehr verstehen. Wie sehr sehnte sie sich nach der Geborgenheit in der Geschwisterschar! Mühsam aß sie einige Löffel Suppe. Dann legte sie den Löffel beiseite, und wieder kamen die Tränen.

„Ich habe keinen Hunger. Ich bin so müde, ich möchte schlafen“, stieß Wera leise hervor.

Im Durcheinander ihrer Gefühle hatte sie kaum wahrgenommen, dass Frau von Massenbach den Raum betreten und Tante Olly zugenickt hatte. Wera ließ sich von der Hofdame auf ihr Zimmer führen. Sie fühlte sich unsäglich allein und verlassen, in einem unbekannten Raum und einem fremden Bett, wo sie sich allmählich in den Schlaf weinte.

Als Wera am nächsten Morgen von Eveline von Massenbach geweckt wurde, schaute sie sich zunächst staunend um. Alles war neu, und sie musste sich an den Anblick zuerst gewöhnen. Heute Morgen, bei Tageslicht und ausgeschlafen, erschien ihr die Umgebung gar nicht mehr so furchtbar wie am gestrigen Abend. Sie konnte erkennen, wie liebevoll das Zimmer ausstaffiert worden war, mit schönen Gardinen und Wandteppichen. Der Frisiertisch hatte sogar Ähnlichkeit mit ihrer Kommode, die sie in Petersburg und Warschau hatte. Jemand hatte ihre Koffer ausgepackt und ihre Puppe auf den Stuhl gesetzt, so dass ihr erster Blick auf ihren Liebling fiel. Wera hüpfte aus dem Bett.

„Eugen von Montenegro, wie freu' ich mich, dass du da bist", lachte sie und nahm die Puppe fest in den Arm. Dann meldete sich der Hunger mit aller Macht. Ihr Magen knurrte vernehmlich, und sie freute sich auf ein ausgiebiges gemeinsames Frühstück mit Tante Olly und Onkel Karl.

Wie froh war Wera, dass der gestrige Vorfall bei Tisch mit keinem Wort erwähnt wurde. Brav hörte sie der Morgenandacht vor dem Frühstück zu, bevor sie endlich den großen Hunger stillen konnte. Die Brezeln auf dem Frühstückstisch waren ihr zwar fremd und sahen lustig und ungewohnt aus, aber sie schmeckten mit Butter bestrichen köstlich. Wera konnte kaum genug davon bekommen.

„Unsere Kleine scheint ja einen großen Appetit mitgebracht zu haben. Wie schön“, bemerkte Onkel Karl erfreut. „Wie ich sehe, magst du die schwäbischen Brezeln so sehr wie ich. Da haben wir ja schon etwas gemeinsam.“

Wera genoss die freundliche Atmosphäre am Frühstückstisch. Wie würde wohl ihr erster Tag in Stuttgart aussehen? fragte sie sich gespannt.

„Mein Schatz, wir haben uns heute etwas ganz Besonderes für dich ausgedacht“, die Stimme von Tante Olly klang verheißungsvoll. Das Mädchen schaute die Tante interessiert an.

„Du darfst mit Frau von Massenbach eine Spazierfahrt machen. Du sollst Stuttgart kennenlernen und du wirst sehen, es ist eine sehr schöne, besondere Stadt Sie ist ganz anders als Petersburg und Warschau, aber auch interessant.“

Wera nickte erfreut. Heute wollte sie nach dem missglückten Start gestern ganz besonders lieb sein.

„Darf Eugen von Montenegro auch mit?“ Als sie den fragenden Blick der Tante bemerkte, fügte sie spitzbübisch hinzu: „Meine Puppe. Ich habe ihn von zu Hause mitgebracht. Eugen fühlt sich ein bisschen einsam hier in Stuttgart. Er hat doch hier niemanden, den er kennt. Er freut sich bestimmt, wenn er mit spazieren darf.“

„Selbstverständlich. Dann lasse ich gleich anspannen.“ Zum ersten Male, seit sie hier war, nahm Wera ein Lächeln im Gesicht der Tante wahr.

Erwartungsfroh setzte sich Wera kurze Zeit später in die bereitgestellte Kutsche. In der Fensterscheibe konnte sie ihr Spiegelbild erkennen. Sie fand sich wunderschön, richtig russisch, in ihrem braunen Mäntelchen mit dem weißen Pelzbesatz und der keck auf dem Kopf sitzenden Pelzmütze. Fest drückte sie ihre Puppe an sich. Eigentlich hielt sie sich ja fast schon zu alt für eine Puppe, aber hier, so weit weg von ihrer Familie, tat es ihr gut, wenigstens einen Vertrauten zu haben, der ihr zuhörte, dem sie alles sagen konnte, auch wenn er sie immer nur wissend anschaute und nicht antwortete.

Die Hofdame nahm neben Wera Platz und gab dem Kutscher ein Zeichen. Schon zogen die Pferde an, und los ging es in lustigem Trab. Wera schaute neugierig aus dem Fenster. Stuttgart war ja doch interessant und längst nicht so trist und grau, wie es ihr gestern erschienen war.

„Dort hinten ist das Schloss. Dort wohnt Seine Majestät der König“, erklärte Frau von Massenbach. „Er ist der Vater deines Onkels. Eines Tages werden dein Onkel und deine Tante das Königspaar von Württemberg werden“, fuhr Frau von Massenbach fort.

„Und ich werde dann auch im Schloss wohnen“, meinte Wera zufrieden.

„Dort auf dem Berg“, die Hofdame zeigte mit dem Finger in die Ferne „dort befindet sich die Villa Berg. Es ist die Sommerresidenz des Kronprinzenpaares. Du wirst sehen, sie ist wunderschön. Der Park ist der schönste weit und breit. Es gibt eine riesige Rasenfläche, Blumen, die nirgendwo sonst in Württemberg blühen, ein Rehgehege, einen Wasserfall, ein Labyrinth aus Gebüsch, eine Voliere mit exotischen Vögeln und noch viel mehr Interessantes zu entdecken.“ Die Begeisterung der Hofdame wirkte ansteckend. Angestrengt versuchte Wera die sagenhafte Villa in der Ferne zu erkennen, aber das trübe Wetter und der Schneeregen ließen es nicht zu.

Langsam hatte Wera genug von den vielen Gebäuden. Die Kutschfahrt wurde allmählich langweilig. Das ruhige Sitzen in der engen Kutsche machte keinen Spaß mehr. Viel lieber wäre sie in dem weitläufigen Park umhergelaufen. Wera seufzte vernehmlich. Dann hatte sie eine Idee. Sie nahm ihren Eugen fest in den Arm. Als der Wagen etwas langsamer fuhr, drehte sie beherzt am Türgriff. Die Tür der Kutsche ging auf, und das Mädchen sprang mit einem Satz hinaus. Nun war sie frei und konnte laufen nach Herzenslust. Wera machte einen großen Satz. Leider rutschte sie im Schneematsch aus und landete unsanft in einer Pfütze. Schnell erhob sie sich wieder. Ihr neuer Mantel hatte dreckige braune Flecken, aber das störte sie wenig. Wera schüttelte sich, und das Schmutzwasser spritzte in alle Richtungen. Die Pelzmütze, die in den Matsch gefallen war, setzte sie schnell wieder auf. Sie wischte sich einige Wassertropfen aus dem Gesicht. Dann lachte sie laut.

„Das ist ein Spaß, Eugen, findest du nicht auch? Hier draußen ist es viel schöner als in der blöden Kutsche“, rief sie ihrer Puppe zu.

Plötzlich spürte sie einen schmerzhaften Griff am Arm und hörte die wütende Stimme von Frau von Massenbach:

„So ein ungezogenes, unmögliches Kind! Was fällt dir ein? Du bist ja schmutzig von oben bis unten! Was wird wohl deine Tante denken, wenn sie dich so sieht? Sofort kommst du wieder in die Kutsche. Nie wieder werde ich mit dir eine Spazierfahrt machen. In Zukunft bleibst du hübsch zu Hause. Du bist eine Gefahr für Leib und Leben!"

„Aber du musst mit mir spazierengehen. Tante Olly hat es dir befohlen, ich hab' es ganz genau gehört. Du musst tun, was meine Tante Olly dir sagt." Doch Frau von Massenbach schien von der wütenden Drohung ihres Schützlings unbeeindruckt.

„Das mag sein, meine Liebe. Aber in Zukunft werde ich entscheiden, wohin die Ausflüge gehen. Wenn du nicht brav bist, werden wir nur noch langweilige Plätze besuchen. Du kannst mir glauben, langweilige Plätze gibt es auch in Stuttgart genug."

Jetzt erschrak Wera. Auf gar keinen Fall wollte sie es sich mit der gestrengen Hofdame verscherzen. Sonst würde ihr Aufenthalt hier in Stuttgart zu einer tristen Angelegenheit werden. So sanftmütig, wie es ihr möglich war, stieg Wera wieder in den Wagen.

„Von nun an werde ich ganz brav sein, ich verspreche es", murmelte sie.

Im Lauf der Zeit lernte Wera, sich an das Leben in Stuttgart zu gewöhnen. Nur das schwäbische Essen war ihr manchmal doch sehr fremd. Außerdem legte Tante Olly viel Wert auf Tischsitten und Tischkultur, was der lebhaften Nichte außerordentlich schwer fiel. Wie oft sehnte sie sich zurück nach dem ausgelassenen Familienleben der Romanows. Heute gab es Spätzle. Die schwäbische Mehlspeise war der kleinen Russin noch immer suspekt. So spazierten ihre Gedanken wieder einmal nach Russland. Dort saß jetzt die ganze Familie wohl auch beim Essen und genoss den köstlichen Borschtsch. Wie gerne würde sie diese leckere Rote-Beete-Suppe jetzt essen. Zu Hause verliefen die Mahlzeiten viel lustiger als hier. Bei Tante Olly und Onkel Karl war die Atmosphäre oft angespannt.

Gedankenverloren stocherte Wera mit ihrer Gabel in ihrem Teller. Die Spätzle in ihrer braunen Soße sehen aus wie schwimmende Würmer, dachte sie. Immer schneller drehte sie ihre Gabel und ließ das Essen auf dem Teller kreisen. Schließlich spritzte die braune Soße auf die weiße Tischdecke, und in weitem Bogen flogen die Spätzle durch den Saal und blieben schließlich an der edlen Textiltapete hängen. Ganz langsam glitten sie auf den Boden.Tante und Nichte verfolgten mit entsetzten Blicken die Flugbahn des schwäbischen Nationalgerichts. Das gibt wieder einmal Ärger, war Weras erster Gedanke. Zerknirscht blickte sie in das Gesicht des gestrengen Onkels. Dieser verfolgte das Geschehen perplex und zunächst unschlüssig, wie er reagieren sollte. Schließlich lachte er lauthals.

„Das war eine tolle Vorstellung. So etwas haben wir hier im Schloss in der Tat noch nie erlebt. Wera, deine Ideen sind ungemein erfrischend."

Erstaunt schaute Olga den sonst so ernsten Karl an. Dann stimmte auch sie in das Lachen ein. Wera wusste nicht, wie ihr geschah, als die Tante sie später gerührt in den Arm nahm.

„Ich weiß nicht, wann dein Onkel und ich das letzte Mal so fröhlich und unbeschwert gelacht haben. Du bist für uns ein echtes Geschenk des Himmels."

Seit ihrer Ankunft in Stuttgart hatte sie die Tante immer wieder gefragt, wann denn endlich ihre Eltern kämen. Viele Wochen waren vergangen, aber schließlich war die Depesche eingetroffen. Der von Wera so lang ersehnte Tag war da. Das russische Großfürstenpaar wurde erwartet.

Während des nachmittäglichen Tees mit dem Kronprinzenpaar hielt es Wera vor Ungeduld kaum noch aus. Immer wieder rannte sie zum Fenster.

„Wann kommen sie denn endlich? Ich will doch nicht verpassen, wenn die Kutsche mit meinen Eltern vorfährt!"

Olga seufzte:

„Wera, du bist kaiserlicher Abstammung. Hat dir denn in Russland niemand majestätisches Benehmen beigebracht? Beherrsche dich."

Ungeduldig setzte sich Wera wieder auf die Stuhlkante.

„Contenance, immer wieder Contenance", maulte sie. „Ich kann es nicht mehr hören."

„Wera!" Nun war die Tante ernsthaft böse. Aber als kurz darauf die Ankunft der russischen Reisegesellschaft von der Ferne zu hören war, gab es kein Halten mehr. Ein lauter Jubelschrei ließ die Kronprinzessin zusammenzucken.

„Sie kommen, sie kommen!" Laut rufend rannte Wera die Treppe hinunter, um die Eltern zu empfangen. Kaum war die Kutsche vor dem Kronprinzenpalais angekommen, stürmte sie hinaus und lief mit ausgebreiteten Armen den Eltern entgegen. Stürmisch umarmte sie ihre Mutter, die inzwischen die Reisekutsche verlassen hatte.

„Ihr habt mich nicht vergessen. Ihr seid gekommen. Ihr habt mich doch lieb", rief sie überglücklich immer wieder und präsentierte den Eltern stolz ihre neue Umgebung.

Mit Erstaunen hörte Wera, wie ihre Tante beim abendlichen Beisammensein mit den Eltern von Weras großen Fortschritten berichtete. Die Worte von Tante Olly taten ihr unendlich gut. Innerlich musste sie allerdings grinsen über das unerwartete und auch unverdiente Lob. Nun ja, dachte sie, so brav und wohlerzogen, wie es die Tante darstellt, war ich sicher nicht, seit ich hier bin. Aber wenn die Tante meint, sie muss mich so loben... Sollen die Eltern nur hören, was für eine liebe Tochter ich bin. Triumphierend schaute Wera ihre Eltern an.

Der Vater hörte die positive Nachricht offensichtlich mit großer Erleichterung. Gerührt ergriff er die Hand seiner Schwester:

„Olga, meine Liebe, ich weiß nicht, wie wir dir danken können. Du tust uns einen großen Dienst." Alexandra nickte zustimmend.

„Ich habe die Aufgabe gern übernommen, auch wenn der Anfang nicht leicht war. Nicht wahr, Wera?"

Wera fühlte erschrocken, wie sie rot wurde. Würde die Tante nun doch noch von der ersten Ausfahrt mit Frau von Massenbach berichten oder sich über ihr Benehmen bei Tisch beklagen? Womöglich erwähnte sie jetzt gleich die Wutanfälle in der letzten Woche. Tante Olly hatte Sonntagabend, als Wera wieder einmal vor Zorn gebrüllt hatte, weil sie so früh zu Bett gehen sollte, einen ganz schlimmen Migräneanfall bekommen. Wera hatte sich hinterher so geschämt. Das hatte sie wirklich nicht gewollt. An diesen schlimmen Abend wollte sie nie wieder erinnert werden, ganz besonders nicht heute, vor den Eltern. Das wäre wirklich peinlich. Beruhigt hörte Wera, wie Tante Olly fortfuhr:

„Aber ich bin fest davon überzeugt, dass, wenn uns Gott eine Aufgabe zuteilt, er uns auch die nötige Kraft gibt. Letzte Woche, bei der Abendandacht, hat eure Tochter sehr konzentriert teilgenommen. Es war so ein wunderbarer Abend." Olga konnte vor Rührung kaum weitersprechen „.Wir saßen zusammen wie eine richtige Familie." Das hätte ich mir vor einigen Wochen noch nicht träumen lassen."

Erleichtert und auch etwas stolz konnte sich Wera nicht verkneifen, zu den Eltern zu sagen:

„Da staunt ihr über eure Tochter", was mit einem zustimmenden Lächeln quittiert wurde.

Jetzt mischte sich Onkel Karl in das Gespräch ein. Er räusperte sich:

„Lieber Schwager, liebe Schwägerin. Euer Besuch ist uns eine willkommene Gelegenheit, unsere liebe Wera der württembergischen Königsfamilie vorzustellen."

„Werde ich dann den König sehen?" fragte Wera aufgeregt.

König Wilhelm, den Onkel und Tante nur selten erwähnten, hatte Wera bisher noch nicht getroffen. Einmal hatte sie Frau von Massenbach nach dem württembergischen Regenten gefragt, aber deren Antwort war nicht sehr befriedigend ausgefallen.

„Dein Onkel und der König treffen sich nur, wenn es sich nicht vermeiden lässt. Sie verstehen sich nicht sehr gut. Außerdem ist der König ein alter, kranker Mann. Er kann keine unnötigen Aufregungen mehr ertragen. Deshalb ist bisher ein Besuch von dir im Schloss nicht vorgesehen."

Da hatte es Wera vorgezogen, lieber nicht weiter nachzufragen. Dennoch hatte dieses kurze Gespräch ihre Neugierde geweckt. Zu gern wollte sie diesen geheimnisumwitterten König einmal sehen. Sie schaute ihren Onkel fragend an:

„Werde ich König Wilhelm endlich einmal sehen?" wiederholte sie. Doch die Miene ihres Onkels verdüsterte sich.

„Nein. Die Rede ist von der schlesischen Linie aus Carlsruhe. Eugen III Erdmann von Württemberg nebst seiner Gattin Mathilde Wilhelmine und ihren beiden Kindern Wilhelmine und Eugen Wilhelm werden in den nächsten Tagen erwartet."

„Letzterer wird meistens kurz Eugen genannt, der Einfachheit halber", erklärte Königin Olga. „Wir werden euch und ihnen zu Ehren einen Empfang geben Da sich ihr Familiensitz im schlesischen Carlsruhe befindet, haben sie eine lange Reise hinter sich."

Wera schwirrte der Kopf angesichts der vielen Eugens, Wilhelms und Wilhelmines der württembergischen Verwandtschaft. Mehrmals hatte Tante Olly schon versucht, ihr den Stammbaum des württembergischen Königshauses zu erklären, aber Wera hatte sich immer wieder geweigert, sich damit zu befassen. Die vielen Namen, die sich ständig wiederholten und sich nur durch die zugefügten römischen Zahlen voneinander unterschieden, erschienen ihr viel zu langweilig.

Wera starrte ihr Spiegelbild an und zog eine Grimasse. „Es ziept schon wieder fürchterlich. Und überhaupt, jetzt sitze ich schon seit einer Stunde hier. Dabei sieht meine Frisur nicht besser aus als heute Morgen, nachdem ich aufgestanden bin. Ich habe jetzt genug. Ich will nicht länger hier stillsitzen“, wütend starrte Wera ihre Kammerzofe an.

„Aber Wera, du musst für den Empfang doch hübsch aussehen. Deine Tante hat mir ausdrücklich noch einmal gesagt, wie wichtig es ist, dass du einen guten Eindruck hinterlässt bei deiner schlesischen Verwandtschaft.“ Der Zofe standen Tränen in den Augen. „Ich geb mir ja wirklich alle Mühe, aber wenn du so gar nicht still sitzenbleibst und deine Haare so störrisch sind, gelingt es einfach nicht.“

Wera streckte ihrem Spiegelbild die Zunge heraus.

„Mir reicht's jetzt. Ich gebe dir noch zehn Minuten. Dann gehe ich, egal wie ich aussehe.“

Schließlich gelang es der Zofe, die widerspenstige Haarpracht mit einer Satinschleife zu bändigen. Dann half sie Wera ihre Perlenohrringe zu befestigen und den Halsschmuck umzulegen. Es war aber auch höchste Zeit, denn schon erschien Frau von Massenbach, um das Mädchen abzuholen.

„Denk daran, Wera, es ist wichtig, dass du dich gut und deiner Stellung entsprechend benimmst. Wir haben es oft genug besprochen: Du bewegst dich langsam und anmutig, grüßt freundlich und ruhig, verhältst dich korrekt. Mach deiner Tante und deinen Eltern keine Schande“, versuchte die Hofdame Wera zu ermahnen.

„Ich mach' es schon recht“, brummte diese unwillig.

Die Delegation aus Schlesien war schon eingetroffen, und Wera wurde vorgestellt. Angesichts der vielen Menschen, die sie alle anschauten, hätte sie sich am liebsten in eine Ecke verkrochen. Wera machte ein paar steife Schritte auf die Besucher zu, dann blieb sie stehen, unschlüssig, was von ihr erwartet wurde. Die vielen Blicke, die auf sie gerichtet waren, verunsicherten sie zunehmend. Warum starren mich alle so an? Wofür halten mich diese Menschen? Ich bin doch kein russischer Zirkusbär, den man zur Belustigung der Zuschauer an einem goldenen Ring durch die Manege führt, dachte sie wütend. Grimmig musterte sie nun ihrerseits die Besucher. Immer unsicherer wurde sie. Sollen sie doch denken, was sie wollen. Ich will nicht so präsentiert werden. Zornig streckte sie den Gästen die Zunge heraus. Als sie die entsetzten Blicke wahrnahm, drehte sie sich um. Da fiel ihr Blick auf einen jungen Mann in eindrucksvoller Uniform mit blitzenden Goldknöpfen, der sie fröhlich anlachte. Wenigstens ein freundlicher Mensch hier in dieser ernsten Versammlung dachte Wera erleichtert und lachte zurück. Dann begrüßte sie ihn freundlich nach russischer Gepflogenheit und gab ihm zwei herzhafte Küsse auf die Wange.

„Hallo Großkusinchen, das nenn' ich mal eine freundliche Begrüßung“, war die Reaktion des überraschten Herrn.

Tante Olly schien peinlich berührt zu sein angesichts des ungewöhnlichen Vorfalls. Weras Eltern standen starr vor Schreck über das ungebührliche Benehmen ihrer Tochter.

„Ihr seht, unsere Wera ist ein außergewöhnliches Kind, immer wieder für eine Überraschung gut“, versuchte Onkel Karl, die peinliche Situation zu entschärfen.

„Ja, Karl da habt ihr einen interessanten Familienzuwachs bekommen“, meinte Herzogin Mathilde amüsiert. „Mit unserem Eugen scheint sie sich auf jeden Fall gut zu verstehen.“ Die allgemeine Beklemmung löste sich nun auf in befreites Lachen.

Wider Erwarten entwickelte sich der anfänglich etwas steife Empfang nun doch noch zu einem lockeren Beisammensein. Der Nachmittag verlief zu Weras Erleichterung viel angenehmer als befürchtet. Nicht nur der junge Eugen, auch seine Schwester Wilhelmine entpuppte sich als unterhaltsamer Gast. Beide interessierten sich sehr für Weras ursprüngliche Heimat Petersburg. Sie freute sich, dass sie so begeisterte Zuhörer hatte und berichtete gerne über ihr Leben am Zarenhof.

Die ersten Tage nach ihrer Ankunft in Stuttgart waren Wera so zäh erschienen wie der Nebel, der sich jeden Morgen über die Stadt gelegt hatte. Im Gegensatz dazu verging die Zeit mit den Eltern wie im Flug. Allzu schnell war der Tag der Abreise da. Wieder hieß es Abschied nehmen. Doch dieses Mal tröstete Wera nicht die Aussicht auf ein baldiges Wiedersehen. Es zerriss ihr fast das Herz, denn sie wusste, ein Treffen mit den Eltern war in nächster Zeit nicht geplant und lag in ungewisser Zukunft. Schluchzend umarmte sie die Eltern ein letztes Mal.

„Glaub mir, Kind, es ist besser so“, versuchte die Mutter Wera zu trösten. Doch für sie klangen diese Worte hohl und leer. Aller Trost war vergebens.

„Nehmt mich mit! Lasst mich nicht allein“, rief sie ein ums andere Mal. Schließlich spürte Wera, wie Tante Olly sie von der Mutter löste. Sie hatte nicht mehr die Kraft, sich dagegen zu wehren.

„Gebe Gott, dass das Kind hier zur Ruhe kommt“, hörte sie die Mutter flüstern. Dann strich sie Wera ein letztes Mal über die Haare.

Die Eltern bestiegen die Kutsche, winkten noch einmal, und die Reisegesellschaft verschwand um die Ecke.

„Mein liebes Kind, ich habe eine Überraschung für dich“, versuchte Tante Olly Wera aufzumuntern. „Ab morgen wirst du wieder Reitstunden erhalten, so wie in Petersburg. Dein Vater hat für dich ein Pferd ausgesucht, auf dem du jeden Tag reiten darfst. Ist das nicht eine gute Nachricht?“

Doch Wera nickte nur traurig. Natürlich liebte sie nichts mehr als Pferde. Es war ihr sehnlichster Wunsch gewesen, wieder reiten zu dürfen, aber jetzt und hier war ihr Herz voller Abschiedsschmerz, der sich auch durch die Aussicht auf ein eigenes Reitpferd nicht verdrängen ließ.

Ostende 1866

Ja sagen zum Leben heißt auch
Ja sagen zu sich selbst.
Ja- auch zu der Eigenschaft,
die sich am widerwilligsten wandeln lässt
von Versuchung zu Kraft.
(Dag Hammerskjöld)

Aufatmend warf sich Wera in den weichen heißen Sand und betrachtete den strahlend blauen Himmel über sich. Nur wenige weiße Wolken wurden vom Wind über das helle Blau getrieben. Wera kniff die Augen zusammen und beobachtete die Wolkenbewegungen. Direkt über sich konnte sie die Umrisse eines galoppierenden Pferdes erkennen. Je länger sie nach oben schaute, umso mehr veränderte sich das Tier. Jetzt wuchs ein Reiter aus dem Pferderücken. Oder war es eine Reiterin? Die Pferdebeine verlängerten sich. Der Wind trieb das Pferd an. Es galoppierte immer schneller. Die Reiterin hielt sich an seiner Mähne fest. Nun tauchte auch noch ein Vogel auf. Der Vogel wuchs und wurde größer, veränderte seine Form. Er glich immer mehr einem riesigen Raubvogel, der sich auf das Pferd zubewegte. Ob er wohl die Reiterin einfangen würde? Gleich hatte es der Raubvogel geschafft. Dann würden Reiter, Pferd und Vogel zu einer anderen, ganz eigenen Figur verschmelzen. Eine neue Geschichte würde entstehen. Wera schloss die Augen und lauschte auf das beruhigende Rauschen der Nordseewellen. Auch sie erzählten eine Geschichte von Sehnsucht und Fernweh, von Weite und Abenteuer. Wie Wera diese Urlaubswochen an der Nordsee genoss! Sie war Tante Olly unendlich dankbar, dass sie die Nichte dieses Mal auf ihre Erholungsreise mitgenommen hatte. Wera hatte ihr auch hoch und heilig versprochen, dass sie sich wirklich gut benehmen würde. Alles hätte ich versprochen, wenn ich nur nicht mehr allein zu Hause hätte bleiben müssen wie damals, als Tante Olly und Onkel Karl ohne mich zur Kur gefahren sind, dachte Wera. Nur ungern erinnerte sie sich an jene Wochen. Es kam ihr vor, als wäre es gestern gewesen, obwohl seither schon fast zwei Jahre vergangen waren. Es hatte sie damals so sehr verletzt, dass Tantes Leibarzt dringend davon abgeraten hatte, Wera mit zur Kur reisen zu lassen. Sie sei mit ihrem unkontrollierbaren Temperament eine zu große Belastung für die Tante, hatte er gewarnt. Tante Olly war dem Rat des Arztes nur zu gern gefolgt. Für Wera war es wie ein Schlag ins Gesicht, als sie merkte, wie froh Tante Olly war, ihre Verantwortung für sie einige Zeit abgeben zu können. Die Erleichterung von Tante Olly, ohne sie fahren zu können, hatte Wera deutlich gespürt. Dabei gab sie sich doch so viel Mühe, den Erwartungen ihrer Tante zu entsprechen. Natürlich war ihr Benehmen nicht immer standesgemäß, das merkte sie nur allzu häufig. Aber dass die Tante sich tatsächlich freute, sich einige Wochen von Wera erholen zu können, tat ihr im Herzen weh. Wera war sich so einsam und verlassen vorgekommen in Stuttgart, nachdem sich Tante Olly und Onkel Karl zur Kur verabschiedet hatten.

Als kurz nach ihrer Abreise der König starb, waren Onkel und Tante sofort zurückgekehrt, aber niemand hatte auf Wera geachtet. Wera seufzte. Wie überflüssig war sie sich damals vorgekommen in all diesem Trubel und dieser Aufregung. Vieles hatte sich geändert seit damals. Onkel Karl war kurz nach dem Tod seines Vaters zum König gekrönt worden. Tante Olly war stolz, dass sie nun Königin von Württemberg war. Einige Wochen später waren sie vom Kronprinzenpalais ins Schloss umgezogen. Leider war es nun für die Tante noch wichtiger geworden, dass Wera eine standesgemäße Erziehung und Ausbildung bekam. Wera seufzte abermals. Oft war es ihr in Stuttgart einfach zu eng und die Regeln zu streng. Wie schön war es dagegen hier an der Nordsee. Es gab Freiheit und Weite. Der Strand war lang und breit. Sie konnte laufen und rennen, bis sie müde wurde. Das Rauschen des Meeres schluckte jeden Lärm. Niemand ermahnte sie hier, leise zu sein. Wera merkte, wie ein Schatten auf ihr Gesicht fiel. Sie öffnete die Augen und blinzelte. Vor sich sah sie ein Paar Stiefel. Über sich erkannte sie das rote, verschwitzte Gesicht von Cesar, Graf von Beroldingen.

„Ach, der Herr Graf ist auch angekommen. Diese Strandwanderungen sind einfach toll, nicht wahr“, lachte sie.

„Wera, bin ich froh, dass ich dich gefunden habe“, stöhnte der Graf. „Deine Tante gab mir die Anweisung, dich nicht aus den Augen zu lassen. Aber immer wieder rennst du davon. Du bist einfach zu schnell für mich.“

„Kein Wunder, mit diesen Stiefeln. Sie sollten barfuß laufen wie ich. Es ist wunderbar, den Sand zwischen den Zehen zu spüren. Probieren Sie es doch mal. Ach, ich vergaß, Sie müssen ja diese blöde Uniform tragen.“ Wera konnte es einfach nicht lassen, ihren Begleiter zu necken.

„Wera komm, ich schlage vor, wir gehen bis zum Leuchtturm, da haben wir die schönste Aussicht. Aber diesmal bleiben wir beieinander. Die Verantwortung ist mir zu groß, dich hier am Meer alleine loslaufen zu lassen."

„O ja, ich liebe den Leuchtturm. Stundenlang könnte ich die frechen Möwen mit ihrem lauten Geschrei beobachten. Immer kommt es mir so vor, als ob sie streiten oder uns etwas zu erzählen haben. Und erst die großen Schiffe, die nach England unterwegs sind! Zu gern würde ich einmal auf einem von ihnen auf große Fahrt gehen. Auf dem Leuchtturm wird es mir nie langweilig."

Gemeinsam ging das ungleiche Paar Richtung Wasser und stapfte durch den nassen Sand am Strand entlang. Die kalten Nordseewellen kitzelten immer wieder Weras Zehen und spritzten ihren Rock nass, was mit einem fröhlichen Jauchzer beantwortet wurde. Eine Zeitlang liefen Wera und Graf von Beroldingen schweigend nebeneinander und genossen die frische Brise, die vom Meer her wehte, die Wellen und den weichen Sand. Dann unterbrach der Graf das einvernehmliche Schweigen.

„Wera, Frau von Massenbach bat mich, dir auszurichten, sie möchte dich heute Nachmittag im Pavillon sprechen. Du sollst sie dort um drei Uhr treffen." Wera verzog das Gesicht.

„Ich mag diese Gespräche mit Frau von Massenbach nicht. Sie ist immer so streng. Stets hat sie was zu meckern. Viel lieber möchte ich heute Nachmittag nochmals hierher ans Meer. Morgen ist unser letzter Tag in Ostende. Da möchte ich mich von der Nordsee verabschieden. Die Zeit verging viel zu schnell. Nächste Woche werden wir schon wieder in Stuttgart sein. "

„Ich verstehe dich ja. Ich würde auch viel lieber noch einige Wochen hier bleiben. Ich verspreche dir, ich werde morgen nochmals eine ganz lange Strandwanderung machen, wenn du heute Nachmittag brav mit Frau von Massenbach redest. Einverstanden?“ redete der Graf Wera gut zu.

„Also gut, ich werde heute Nachmittag immer daran denken, dass ich morgen einen ganzen Tag am Strand verbringen darf und mich brav zu Frau von Massenbach setzen. Vielleicht, wenn es ein ganz kurzes Gespräch wird, können wir heute Abend noch hier vom Leuchtturm aus den Sonnenuntergang am Meer beobachten“, schlug Wera vor.

Wie versprochen begab sich Wera nach der Mittagsruhe zum Gartenpavillon des Hotels, wo sie bereits von Eveline von Massenbach erwartet wurde. Wera fühlte sich sehr unbehaglich angesichts der ernsten Miene der Hofdame. Schnell wurde ihr klar: Dieses Gespräch würde nicht sehr angenehm werden.

Das schlechte Gewissen plagte Wera nun doch. Nicht immer war sie mit ihrem Benehmen in den vergangenen drei Wochen den Ansprüchen der Tante gerecht geworden. Am Strand, wenn sie mit Graf Cesar unterwegs war, hatte sie sich ungestört austoben können. Aber im Hotel hatte man ein königliches Verhalten von ihr erwartet. Mehrmals war das Temperament mit ihr durchgegangen, und sie hatte die Beherrschung verloren. Beschämt dachte Wera an das gestrige Abendessen. Die Tante hatte mit deutlichen Worten bessere Tischmanieren eingefordert. Jetzt musste sie zugeben, dass die harsche Kritik von

Tante Olly berechtigt gewesen war. Aber nach einer langen Strandwanderung war Wera müde und hungrig gewesen. So hatte sie hastig ihr Essen hinuntergeschlungen, ohne auf ihr Benehmen zu achten. Als Antwort auf die kritischen Bemerkungen ihrer Tante hatte Wera wütend die Zunge herausgestreckt.

Wieder einmal musste sie, wie so oft, zur Strafe den Abend allein in ihrem Zimmer verbringen. Tante Olly hatte sich schrecklich aufgeregt und hatte heute den ganzen Tag Migräne. Im Nachhinein tat Wera ihr Verhalten furchtbar leid. Sie wollte so gern den Erwartungen ihrer Tante entsprechen und gab sich ja immer wieder große Mühe, aber es klappte einfach nicht. Dann kam es zu solch schlimmen Szenen wie gestern Abend. Wera seufzte tief auf. Warum war das Leben so kompliziert?

„Wera setz dich bitte." Die Stimme der Hofdame klang streng.

Wera gehorchte widerstrebend.

„Ich möchte nachher noch mit Graf von Beroldingen zum Strand. Wir wollen den Sonnenuntergang beobachten."

„Das hat Zeit, bis zum Abend ist es noch lange. Zudem muss der Graf die Abreise übermorgen vorbereiten. Er hat sich in den letzten Wochen bei den vielen Wanderungen sehr verausgabt. Heute Nachmittag braucht er seine Energie für andere Dinge."

Wera zog ihre Mundwinkel nach unten. Das Gespräch nahm keinen guten Verlauf.

„Ich will heut nochmal zum Leuchtturm, um den Sonnenuntergang zu sehen!" Wütend stampfte sie mit dem Fuß auf. Wera spürte einen energischen Griff am Arm.

„Du hörst mir jetzt gut zu: In den letzten Wochen war dein Verhalten hier im Hotel sehr beklagenswert, ja manchmal unerhört. Dein Zorn, dein lautes Schreien und deine Wutanfälle haben die Königin viel Kraft gekostet. Immer wieder musste sie sich erschöpft zurückziehen. Ihre Migräneanfälle werden wieder häufiger." Wera zuckte zusammen und erschrak. Frau von Massenbach war ernsthaft böse. Auf solch strenge Worte war sie nicht gefasst. Sie schluckte und war tief betroffen, denn sie musste zugeben, dass die Standpauke berechtigt war. Sie liebte Tante Olly sehr und wollte doch nicht, dass die Tante ihretwegen krank wurde. Sie hasste es, immer schuld daran zu sein, wenn es der Tante schlecht ging und sie diese schreckliche Migräne hatte.

„So geht das nicht weiter, mein Kind. Du bist jetzt schon ein großes Mädchen. Du kannst sehr wohl verstehen, was von dir erwartet wird, und dich danach richten. Wenn wir übermorgen zurück nach Stuttgart ins Schloss fahren, wirst du dich angemessen, gebildet und wohlerzogen benehmen, wie es dem württembergischen Königshof entspricht. Hast du das verstanden?"

Wera fühlte einen dicken Kloß im Hals. Sie wäre so gern ein nettes braves Mädchen, aber immer wieder verlor sie die Beherrschung. Ob Tante Olly sie nun nicht mehr wollte, wenn sie so ungezogen war? Wera merkte, wie Tränen über ihre Wangen liefen, dann schluchzte sie.

„Ich will ja gerne immer freundlich, wohlerzogen und nett sein. Ich will, dass die Tante mich lieb hat und sich freut, dass ich hier bin, aber es ist so schwer. Oft weiß ich einfach nicht, wie ich mich richtig verhalten soll. Ich werde zuerst verlegen und dann zornig und böse."

Neue Diogenes Bücher

Frühjahr 2021

Marianne Philips

Ein Roman über weibliche Identität, Moral, Wahnsinn und die Suche nach lebbarem Glück

ca. 288 Seiten, Leinen
ca. € (D) 23.–/sFr 31.–*/€ (A) 23.70
Mai

Die sensationelle Entdeckung eines Erfolgsromans von 1930. Eine Lebensgeschichte, die auch aus heutiger Sicht nichts von ihrer Faszination verloren hat.

detebe 24522, 320 Seiten
€ (D) 12.–/sFr 16.–*/€ (A) 12.40

»Joey Goebel ist einer der besten und lesenswertesten Autoren der Gegenwart.«
Benedict Wells

Lukas Hartmann

Das intime Porträt eines tragischen Genies

ca. 256 Seiten, Leinen
ca. € (D) 24.–/sFr 32.–*/€ (A) 24.70
März

Heute hängen seine Bilder in Museen, Ausstellungen werden ihm gewidmet. Doch der Schweizer Künstler Louis Soutter (1871–1942) führte ein Außenseiterleben, am Rande nicht nur der Kunstwelt, sondern der Gesellschaft. Ein packender Künstlerroman von Lukas Hartmann.

detebe 24587, ca. 928 Seiten
ca. € (D) 14.–/sFr 19.–*/€ (A) 14.40
Juni

London 1885: Der berühmteste Detektiv seiner Zeit trifft auf einen gewitzten Gauner.

Auch als eBook   Auch als Hörbuch   Auch als Hörbuch-Download

Benedict Wells

Sie werden lachen. Sie werden weinen.
Sie werden es lieben.

ca. 352 Seiten, Leinen
ca. € (D) 24.–/sFr 32.–*/€ (A) 24.70
März

Missouri, 1985: Um vor den Problemen zu Hause zu fliehen, nimmt der fünfzehnjährige Sam einen Ferienjob in einem alten Kino an. Und einen magischen Sommer lang ist alles auf den Kopf gestellt. Er findet Freunde, verliebt sich und entdeckt die Geheimnisse seiner Heimatstadt. Zum ersten Mal ist er kein unscheinbarer Außenseiter mehr. Bis etwas passiert, das ihn zwingt, erwachsen zu werden. Die Geschichte eines Sommers, den man nie mehr vergisst.

Paperback 30079, ca. 400 Seiten
ca. € (D) 18.–/sFr 24.–*/€ (A) 18.50
Juni

Unausweichliche Generationenkonflikte und kleine Revolutionen – eine überraschende Geschichte zwischen 5-Sterne-Hotel und Schuhfabrik.

ca. 288 Seiten, Leinen
ca. € (D) 22.–/sFr 30.–*/€ (A) 22.70
Juni

Eine phantastisch komponierte, unglaubliche Geschichte über Verlust und Neuanfang.

Annalena McAfee

Familie. Ruhm. Ruf.
Es braucht ein Leben, um all dies aufzubauen, und Sekunden, um es zu zerstören.

Eve – eine Künstlerin mit einem Faible für Blumen und junge Männer – bereitet in London eine große Museumsretrospektive vor. Aber ihr Leben ist in Aufruhr. Die Geschichte einer kompromisslosen Frau, die sich nimmt, was sich sonst nur Männer trauen.

ca. 288 Seiten, Leinen
ca. € (D) 24.–/sFr 32.–*/€ (A) 24.70
Mai

detebe 24551, 512 Seiten
€ (D) 13.–/sFr 17.–*/€ (A) 13.40

Ein Buch über die Familie, an der man sich die Zähne ausbeißt und ohne die man trotzdem nicht sein kann.

Sasha Filipenko

Wie fühlt sich ein junger, lebenshungriger Mann in Belarus?

Als Zisk nach zehn Jahren aus dem Koma erwacht, hat sich in Belarus nichts verändert. Eine hochaktuelle Geschichte über die Sehnsucht nach Freiheit von Sasha Filipenko, erzählt mit Witz, Mut und Herz.

ca. 288 Seiten, Leinen
ca. € (D) 22.–/sFr 30.–*/€ (A) 22.70
April

detebe 24549, ca. 272 Seiten
ca. € (D) 12.–/sFr 16.–*/€ (A) 12.40
März

Ein Roman über die Macht von Verschwörungstheorien, nach einer wahren historischen Begebenheit, mit Schalk und Lakonie für unsere Zeit erzählt.

Donna Leon

Feiern Sie mit uns
den 30. Fall für Brunetti.

ca. 320 Seiten, Leinen
ca. € (D) 24.–/sFr 32.–*/€ (A) 24.70
Juni

Samstagabend in Venedig. Nach einem Drink lassen sich zwei Touristinnen von ein paar Einheimischen zu einer Spritztour in die Lagune verführen. In der Dunkelheit rammt das Boot einen Pfahl, und die Amerikanerinnen enden bewusstlos auf dem Steg des Ospedale. Warum alarmierten ihre Begleiter nicht die Notaufnahme, wenn alles nur ein Unfall war? Je hartnäckiger Brunetti ermittelt, desto näher kommt er einem Monstrum, vor dem sich selbst die Mafia fürchtet.

ca. 400 Seiten, Leinen
ca. € (D) 24.–/sFr 32.–*/€ (A) 24.70
Juni

Zum Dienstjubiläum: Brunetti weiseste Gedanken und witzigste Bonmots aus dreißig Fällen in einem Band.

detebe 24578, ca. 432 Seiten
ca. € (D) 12.–/sFr 16.–*/€ (A) 12.40
März

Katrine Engberg mit einem Thriller über die dunkelsten Seiten der Seele. Ein Pageturner der skandinavischen Art.

Charles Lewinsky

Was ist wahr –
und was ist erfunden?

Sind Sie das? – Mit dieser Frage werden Schreibende oft konfrontiert. Manchmal ist das belustigend, manchmal respektlos, und gerade deshalb stellt sich Charles Lewinsky die Frage nun selbst.

ca. 256 Seiten, Leinen
ca. € (D) 24.–/sFr 32.–*/€ (A) 24.70
April

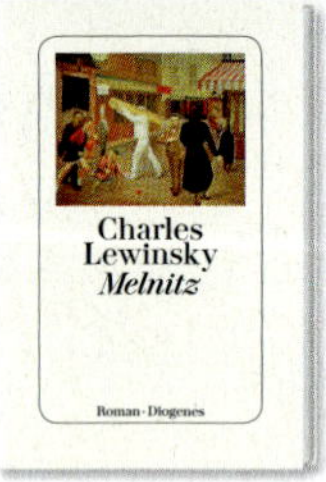

ca. 896 Seiten, Leinen
ca. € (D) 25.–/sFr 34.–*/€ (A) 25.70
April

Das große jüdisch-schweizerische Familienepos, das die Schicksalsjahre 1871–1945 umfasst.

Bernhard Schlink

Deutschland – eine Reifeprüfung
Wohin geht es? Wiederholt sich die Geschichte?
Wann muss gehandelt werden?

»Die Schule hinter uns, Ferien und Studium vor uns, ein wunderschöner Sommerabend – aber um uns herum brennt es.«

Fünf junge Menschen und ein verstörendes Gedankenspiel. Ein Lehrstück über Moral, Verantwortung und Entscheidung.

ca. 96 Seiten, Leinen
ca. € (D) 16.–/sFr 21.–*/€ (A) 16.50
Mai

detebe 24567, 432 Seiten
€ (D) 13.–/sFr 17.–*/€ (A) 13.40

Das Buch versammelt Würdigungen von Menschen, die Erich Hackl wichtig sind. Wer sie waren und wofür sie einstanden.

Alle sind so ernst geworden

ca. 272 Seiten, Leinen
€ (D) 22.–/sFr 30.–*/€ (A) 22.70

Martin Suter und Benjamin von Stuckrad-Barre unterhalten sich über:

BADEHOSEN, GLITZER, ÄÄHM, HOCHZEITEN, LSD, TEUFEL, GOTT, MADONNA, ARBEIT, IBIZA, KOCHEN, RECHNUNGEN, SIRI, FOTOS, MUNDHARMONIKA, GELDSCHEINE, VERLIEBTHEIT, WIEDERSEHEN.

detebe 24559, ca. 272 Seiten
ca. € (D) 12.–/sFr 16.–*/€ (A) 12.40
März

Der Roman einer Politisierung. Eine Jugend zwischen Lebenshunger und Engagement.

detebe 24554, ca. 448 Seiten
ca. € (D) 13.–/sFr 17.–*/€ (A) 13.40
März

Voller Weisheit und Entschleunigung: Kurkow erinnert an das Wesentliche, die Unversehrtheit der Natur.

Jardine Libaire/ Amanda Eyre Ward

Kann man sich Hals über Kopf verlieben – mit einem Ginger Ale in der Hand?

Paperback 30083, ca. 384 Seiten
ca. € (D) 18.–/sFr 24.–*/€ (A) 18.50
März

Sie suchen nach Klarheit und Bewusstheit, aber Askese ist Ihnen zu anstrengend? Schlagen Sie dieses Buch auf, und tauchen Sie ein in einen Kosmos, in dem weniger mehr ist: weniger Alkohol, mehr Hier und Jetzt, mehr Rock 'n' Roll.

detebe 24595, 256 Seiten
ca. € (D) 10.–/sFr 13.–*/€ (A) 10.30
April

Der Zeit enthoben sein – wer würde davon nicht träumen? Mit diesen Geschichten gelingt es federleicht, denn sie setzen die Uhr außer Kraft.

Doris Dörrie

Neue Schreibinspirationen zum Losschreiben und Loslassen

224 Seiten, Leinen
€ (D) 16.–/sFr 21.–*/€ (A) 16.50
März

Nach dem Bestseller *Leben, schreiben, atmen* jetzt das Schreibjournal mit neuen Anregungen. Das perfekte Geschenkbuch für alle, die schreiben und sich besser kennenlernen wollen.

detebe 24566, 272 Seiten
€ (D) 10.–/sFr 13.–*/€ (A) 10.30

Ein unverwüstlicher Strauß von Geschichten, die munter machen. Bei Krankheit, Krise oder Auszeit.

ca. 144 Seiten, Broschur
ca. € (D) 32.–/sFr 42.–*/€ (A) 32.90

Zeilen voll Absurdität, Nachdenklichkeit und Zuneigung, die abgerundet werden von Fotos seiner Arbeiten – das Universum eines einmaligen Künstlers.

ca. 56 Seiten, Leinen
ca. € (D) 30.–/sFr 40.–*/€ (A) 30.90
Mai

Ein tierisches ABC voller Charme und Phantasie. Zeitlos klassische Federzeichnungen, die einfach bestechen.

Christoph Niemann/
Nicholas Blechman
ca. 176 Seiten, gebunden
ca. € (D) 20.–/sFr 27.–*/€ (A) 20.60

100 % EVIL:
Zwei geniale Künstler. Ein bitterböses Kunstwerk. 150 entlarvend humorvolle Zeichnungen über den Zustand der Welt.

ca. 256 Seiten, Leinen
€ (D) 49.–/sFr 65.–*/€ (A) 50.40
März

Christoph Niemann kann das Reisen nicht lassen. Glücklicherweise ist er ein Reisender, der seine Umgebung in Farbe bannt. Und so können wir ihn zum zweiten Mal dahin begleiten, wohin uns das Fernweh trägt: malerische Orte, brodelnde Städte, beeindruckende Natur.

»Als Zeichner und Illustrator hat sich Christoph Niemann weltweit durchgesetzt.«
Andrian Kreye/
Süddeutsche Zeitung, München

Timon und Julian Meyer

Pauls Garten ist ein Paradies, wenn nur Nachbarin Erna nicht wäre…

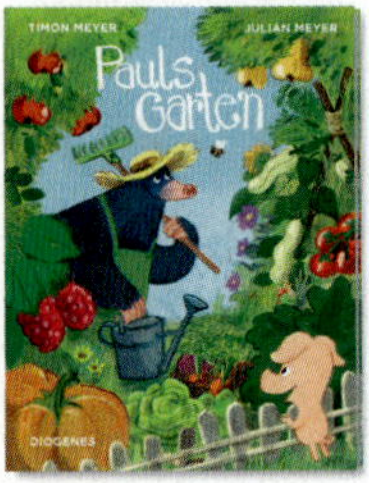

ca. 32 Seiten, gebunden
ca. € (D) 14.–/sFr 19.–*/€ (A) 14.40
März

Paul ist ein leidenschaftlicher Gärtner. Alles grünt und blüht und duftet: Morgen ist Erntetag. Doch als Paul am nächsten Tag seinen Garten betritt, ist alles weg! Sofort will er nach dem Dieb Ausschau halten und erlebt eine Überraschung mit Biss.

ca. 32 Seiten, gebunden
ca. € (D) 14.–/sFr 19.–*/€ (A) 14.40
April

Eine herzerwärmende Geschichte über wahre Freundschaft und das Glück, sich selbst anzunehmen.

ca. 32 Seiten, Halbleinen
ca. € (D) 16.–/sFr 21.–*/€ (A) 16.50
April

Der Regenwurm mit Superkräften bringt Groß und Klein zum Schmunzeln.

ca. 32 Seiten, gebunden
ca. € (D) 16.–/sFr 21.–*/€ (A) 16.50
März

Große Brüder nerven. Deshalb braucht man als kleines Mädchen vor allem eins: das perfekte Versteck.

ca. 28 Seiten, gebunden
ca. € (D) 16.–/sFr 21.–*/€ (A) 16.50
April

Ein dicker brauner Zirkusbär nimmt Reißaus, fährt mutterseelenallein auf einem Motorrad durch die Straßen und will den Leuten zeigen, was er kann.

Diogenes Hörbücher

Ungekürzte Autorenlesung
6 CD, Spieldauer 411 Min.
ca. € (D) 24.–/sFr 32.–*/€ (A) 27.–
März

Ungekürzt gelesen von
Robert Stadlober
6 CD, Spieldauer ca. 460 Min.
ca. € (D) 24.–/sFr 32.–*/€ (A) 27.–
März

Ungekürzt gelesen von
Anna Schudt
5 CD, Spieldauer ca. 362 Min.
ca. € (D) 24.–/sFr 32.–*/€ (A) 27.–
März

Ungekürzt gelesen von
Sven Görtz
1 CD, Spieldauer ca. 79 Min.
ca. € (D) 14.–/sFr 19.–/* € (A) 15.70
April

Ungekürzt gelesen von
Johannes Klaußner
6 CD, Spieldauer ca. 463 Min.
ca. € (D) 22.–/sFr 30.–*/€ (A) 24.70
April

Ungekürzt gelesen von
Johannes Steck
8 CD, Spieldauer ca. 663 Min.
ca. € (D) 26.–/sFr 35.–*/€ (A) 29.20
Mai

Ungekürzt gelesen von
Joachim Schönfeld
7 CD, Spieldauer ca. 533 Min.
ca. € (D) 26.–/sFr 35.–*/€ (A) 29.20
Juni

Ungekürzt gelesen von
Gert Heidenreich
4 CD, Spieldauer 290 Min.
€ (D) 22.–/sFr 30.–*/€ (A) 24.70

Ungekürzte Autorenlesung
6 CD, Spieldauer 416 Min.
€ (D) 25.–/sFr 34.–*/€ (A) 28.10

---

*unverbindliche Preisempfehlung (gilt für den sFr-Preis bei Büchern und für Hörbücher generell). Alle Angaben ohne Gewähr.

Zum 100. Geburtstag der großen Autorin

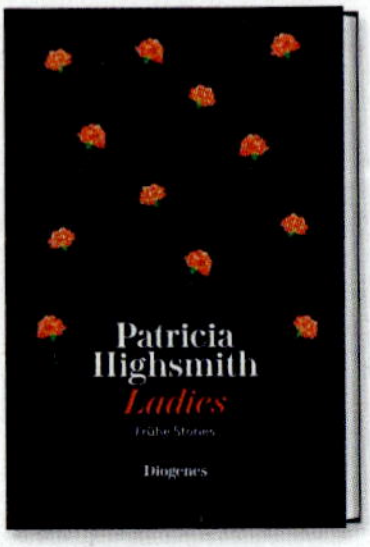

320 Seiten, Leinen
€ (D) 24.–/sFr 32.–*/€ (A) 24.70

Ehe Patricia Highsmith mit ihrem ersten Roman *Zwei Fremde im Zug* über Nacht berühmt wurde, schrieb sie psychologische Stories. Über entwurzelte Einwanderer, tapfere Liebende, wissende kleine Mädchen und Jungen und vom Leben gebeutelte Frauen und Männer. Damals erschienen ihre Stories nur verstreut in Magazinen. Nun dürfen wir sie neu entdecken.

detebe 24575, ca. 416 Seiten
€ (D) 13.–/sFr 17.–*/€ (A) 13.40

detebe 24573, 432 Seiten
€ (D) 13.–/sFr 17.–*/€ (A) 13.40

detebe 24570, 512 Seiten
€ (D) 13.–/sFr 17.–*/€ (A) 13.40

detebe 24574, 448 Seiten
€ (D) 13.–/sFr 17.–*/€ (A) 13.40

detebe 24572, 464 Seiten
€ (D) 13.–/sFr 17.–*/€ (A) 13.40

detebe 24571, 480 Seiten
€ (D) 13.–/sFr 17.–*/€ (A) 13.40

Schauen Sie auch hier vorbei:

Erstaunt spürte Wera, wie Frau von Massenbach den Arm um sie legte. Noch nie hatte sie eine solch sanfte Geste von ihr erfahren. Wie gut tat Wera diese liebevolle Berührung.

„Kind, du weißt, dass wir bald nach unserer Rückkehr aus Ostende nach Friedrichshafen fahren werden, in die Sommerresidenz des Königs. Alle freuen sich jedes Jahr auf diese Monate am Bodensee." Wera nickte. Die Sommermonate in Friedrichshafen waren immer ein besonderes Ereignis. Frau von Massenbach fuhr resolut fort: „Es darf nicht sein, dass diese Zeit durch dein Benehmen für die Königin zu einem Fiasko wird. Bitte, Wera, um Königin Olgas und um deinetwillen, benimm dich. Du tust dir keinen Gefallen, wenn du immer wieder so unbeherrscht bist.".

„Ich weiß ja, Frau von Massenbach, dass Sie es gut mit mir meinen und dass Sie mich gern haben. Tante Olly ist wohl sehr enttäuscht von mir, ich bin einfach das falsche Kind für sie. Sie sollte einen besseren Menschen adoptieren, jemanden, der besser zu einer Königin passt. Ich bin nicht so lieb, wie es sich meine Tante gewünscht hat. Frau von Massenbach, Sie sind ein guter Mensch. Sie wissen immer, wie man sich richtig benehmen muss. Die Tante sollte Sie adoptieren. Dann wäre sie glücklicher." Ernsthaft schaute Wera die Hofdame an, dann barg sie ihr Gesicht in den Händen und weinte. Schließlich fühlte sie, wie Eveline von Massenbach ihr immer wieder über die Haare strich und mehrmals wiederholte:

„Aber Wera, deine Tante hat dich doch lieb. Alles wird gut. Du musst dich nur bemühen. Ich werde dir dabei helfen."

Endlich, Wera schien es, als wäre eine Ewigkeit vergangen, versiegten die Tränen. Verlegen schaute sie Frau von Massenbach an.

„Wera, ich helfe dir“, wiederholte diese, „du wirst sehen, gemeinsam werden wir an deinem Benehmen arbeiten. Deine Tante wird eines Tages stolz auf dich sein.“ Aufmunternd ergriff sie Weras rechte Hand. „Versprochen?“

Wera nickte zaghaft. Ihr Hals schmerzte vom vielen Weinen. Dann drehte sie sich um und verließ ohne ein weiteres Wort den Pavillon. Für heute hatte sie genug gehört.

Friedrichshafen 1866

Wer bin ich, Gott? Was ist der Mensch vor Dir?
Der Menschheit alte, immer neue Fragen,
Seit Anbeginn Geschlechtern aufgetragen,
Ich trag sie, ach von Kind an auch mit mir.

Was ist der Mensch, der böse, trotzig-wilde,
der ungestillt erbaut, zerstört sein Reich?
Sich selbst ein Rätsel, das kein Herz enthüllte!

Du aber sprichst: Ich schuf dich mir zum Bilde –
Bild heißt Geschöpf und Bild heißt Ziel zugleich
Und unstet bleibst du Mensch, bis sich's erfüllte.

(Arno Pötzsch)

Wera saß zähneknirschend in der Bibliothek des Friedrichshafener Schlosses, der Sommerresidenz von Onkel Karl und Tante Olga. Diese Sommermonate hatte sie sich so ganz anders vorgestellt. Sehnsüchtig schaute sie aus dem Fenster auf das glitzernde Wasser des Bodensees. Majestätisch schwammen Schwäne am Ufer entlang. In der Ferne sah sie die weißen Passagierschiffe der Bodenseeflotte. Am gegenüberliegenden Seeufer konnte sie sogar die schneebedeckten Schweizer Berge erkennen. Wie gerne wäre sie jetzt dort. Aber nein, die Tante hatte angeordnet, dass während der Wochen am Bodensee der Unterricht nicht vernachlässigt werden durfte. Nun saß sie hier in der Bibliothek, und vor ihr stand der neue Lehrer und Pfarrer Theodor Christlieb. Betont gelangweilt schaute Wera zum Fenster hinaus. Sollte Herr

Christlieb doch reden, so lange er wollte. Sie würde nicht zuhören. Sie hatte beschlossen, stur jegliche Mitarbeit zu verweigern. Wenn sie nicht reagierte, würde er, wie alle anderen vor ihm, irgendwann schon aufhören. Insgeheim lächelte Wera triumphierend. Er wäre nicht der erste Lehrer, der resigniert aufgab, weil er sich nicht gegen ihren Dickkopf durchsetzen konnte. Wollen wir doch mal sehen, wer hier den längeren Atem hat. Plötzlich zuckte Wera zusammen. Theodor Christlieb stand direkt vor ihr, schaute ihr in die Augen und holte sie aus ihren Gedanken, indem er mit lauter, fester Stimme sagte:

„Wera, ich werde nicht länger meine Zeit und meine Kraft hier bei dir vergeuden.“ Er legte energisch seine Uhr auf den Tisch. „Du hast jetzt ganz genau fünf Minuten Zeit. Wenn du versprichst, Vernunft anzunehmen und konstruktiv mitzuarbeiten, werde ich mit dem Unterricht beginnen. Ansonsten werde ich meinen Dienst als Lehrkraft hier im Schloss mit sofortiger Wirkung aufgeben.“ Wera schaute den Pfarrer überrascht an. In diesem Ton hatte noch kein Lehrer gewagt, mit ihr zu reden. Doch er war noch nicht fertig. Christlieb fuhr fort:

„Ich schlage vor, wir werden den Vormittag hier im Schloss beim Unterricht verbringen und den Nachmittag unten am See. Du wirst sehen, auch dort gibt es viel Interessantes zu erkunden. Solltest du jedoch weiterhin jegliche Kooperation verweigern, werde ich diesen Raum sofort verlassen und nie wieder betreten. Du hast die Wahl. Ich erwarte deine Antwort.“

Ruhig setzte sich der Lehrer wieder und verschränkte abwartend die Arme. Nachdenklich blickte Wera den Pfarrer an. Christlieb machte einen klugen und interessanten Eindruck. Wenn er jetzt nach wenigen Minuten seine Stelle hier kündigte, gäbe es furchtbaren Ärger mit Tante Olly. Die Tante hatte gestern gedroht, sie würde Wera sofort wieder nach Stuttgart schicken, wenn sie Schwierigkeiten machen würde. Nein, jetzt im Sommer allein in Stuttgart zu sein, das war nicht sehr angenehm. Die Wochen hier in Friedrichshafen, auf die sie sich so sehr gefreut hatte, wären dann beendet, bevor sie richtig begonnen hatten. Das wäre wirklich sehr unerfreulich. Dann wollte sie doch lieber brav morgens lernen, um dann nachmittags das Leben am Bodensee zu genießen. Kleinlaut antwortete Wera:

„Ich verspreche Ihnen, ich werde in Zukunft dem Unterricht folgen und mir Mühe geben, wenn Sie nur der Tante nichts erzählen. Bitte“, fügte sie hinzu.

Freundlich und zufrieden nickte der Seelsorger.

„Gut, dann werden wir beginnen. Ich unterrichte dich gerne. Du wirst diese Entscheidung nicht bereuen, das verspreche ich. Es wird uns beiden ganz sicher nicht langweilig.“

Der Lehrer legte einen dicken Weltatlas auf den Tisch und schlug ihn zielsicher auf. Wera war perplex. Ein solch umfangreiches Kartenwerk hatte sie noch nie gesehen, doch Herr Christlieb ließ ihr keine Zeit zum Nachdenken. Er zeigte ihr die Landkarten und fuhr mit dem Finger die verschiedenen bunten Linien entlang. Die Begeisterung in seiner Stimme ließ sich nicht überhören:

„Die Welt ist so spannend, du wirst sehen, es gibt unendlich viele schöne Länder und interessante Völker. Einige Jahre lebte ich mit meiner Familie in England. Es ist mir zur zweiten Heimat geworden. Daher wird England das Thema sein, mit dem wir uns als Erstes beschäftigen werden." Weras Neugier war geweckt. Sie konnte nicht umhin bewundernd zu antworten:

„Das sieht ja richtig interessant aus. Ist das hier London?" Sie zeigte auf den Grundriss einer großen Stadt.

„Ja, schau her, diese blaue Linie ist der Fluss Themse, der durch London fließt. Hier ist der Ärmelkanal, und hier liegt Ostende auf der anderen Seite des Kanals."

Wie oft hatte Wera in Ostende wehmütig die Schiffe beobachtet, die auf dem Weg zur britischen Insel waren. Immer wieder hatte sie sich überlegt, wie dieses Land auf der anderen Seite des Kanals wohl aussah. Wie die Menschen dort wohl lebten? Manchmal hatte sie sich gewünscht, einmal auf einem dieser Schiffe mitfahren zu dürfen. Nun berichtete ihr Lehrer begeistert von gerade diesem Land, seiner Geschichte, Landschaft, Kultur und Sprache. Aufmerksam hörte Wera zu, fragte interessiert nach und war erstaunt, wie kurzweilig die erste Unterrichtsstunde verlief. Viel zu schnell war der Vormittag vergangen. Überrascht merkte Wera, dass sie sich tatsächlich auf die nächsten Unterrichtsstunden freute.

Nachdem ihr der Geographieunterricht so viel Spaß gemacht hatte, sah Wera mit Spannung dem Religionsunterricht entgegen. Tante Olly legte immer viel Wert auf die tägliche Andacht. Manchmal besuchten sie gemeinsam mit Onkel Karl die protestantische Kirche. Im Stuttgarter Schloss gab es aber auch eine russisch-orthodoxe Kapelle, in der Wera mit der Tante oft Gottesdienst feierte. Tante Olly hatte ihr glücklich berichtet, diese Kapelle sei nach ihrer Hochzeit extra für sie als Kronprinzessin aus Russland eingerichtet worden. Für Wera waren die Gottesdienste stets mit Gedanken an ihre russische Heimat verbunden. Diese Erinnerungen waren auf der einen Seite schön, aber sie taten auch immer wieder weh. Oft lag sie abends in ihrem Bett und überlegte, was wohl die Eltern und Geschwister heute erlebt hatten.

Zu ihrer Überraschung redete Pfarrer Christlieb von einem ganz anderen Gott, als sie es bisher gewohnt war. Für ihn schien Gott eher ein guter, liebender Vater zu sein als eine strafende, Respekt einflößende Macht. Mit großem Erstaunen registrierte Wera, wie er von Gott und seinem Sohn Jesus Christus sprach, als wären sie gute Freunde, mit denen man alles bereden konnte. Gottes Liebe war das Lieblingsthema von Pfarrer Christlieb, und dabei konnte er richtiggehend ins Schwärmen geraten.

„Wera, Gott ist immer für uns da. Er liebt uns Menschen, denn wir sind für ihn das Wertvollste, was es auf dieser Erde gibt." Seine Begeisterung hatte etwas Ansteckendes. Wera staunte, so hatte noch niemand mit ihr über Religion und Glaube geredet.

„Schau mal", der Pfarrer schlug seine Bibel auf. „Hier steht, dass Gott uns so gut kennt, dass er sogar jedes einzelne Haar auf unserem Kopf gezählt hat. So wichtig sind wir für ihn." Zweifelnd fasste Wera sich an den Kopf und fuhr durch ihre Lockenpracht. Dann lachte sie:

„Beim besten Willen kann ich mir das nicht vorstellen." Doch dann wurde sie nachdenklich: „Wie oft habe ich mich schon über meine struppigen Haare geärgert. Es ziept immer so, wenn die Zofe sie morgens auskämmt. Manchmal tut es richtig weh, und ich bekomme

Kopfweh davon. Und das soll Gott kümmern? Ich weiß nicht ..."

„Doch, Wera, Gott weiß auch um die scheinbar kleinen Nöte in unserem Leben. Schau, hier in den Psalmen steht, dass Gott uns bereits im Mutterleib vorbereitet hat. Er weiß, was am besten für uns ist. Gott meint es gut mit uns, auch wenn wir das manchmal nicht auf Anhieb erkennen. Er kümmert sich um uns und will, dass es uns gut geht."

Zunächst hörte Wera nur schweigend zu, dann platzte es aus ihr heraus:

„Ist das wirklich wahr? Gilt das auch für mich, die keiner leiden mag? Nicht einmal meine eigene Familie?" Was sie hier hörte, berührte sie zutiefst. Wera sprang auf. Aufgeregt lief sie im Zimmer hin und her. „Ich weiß, dass mich alle das ungezogene Russenkind nennen, wenn Tante Olly nicht in der Nähe ist. Für jeden bin ich nur eine Last. Tante Olly bekommt wegen mir sogar Migräne." Sie griff nach dem dicken Atlas und schlug nach einigem Suchen die Seite über Russland auf. Dann zeigte sie auf St.Petersburg. „Hier, sehen Sie, so weit weg ist meine Heimat. Mama und Papa in St. Petersburg schickten mich fort, weil sie mich nicht haben wollten. Meine Geschwister waren froh, dass ich nicht mehr alles durcheinanderbrachte. Mich liebt niemand. Ich bin ein ungewolltes, ungeliebtes Kind. " Wera erschrak zutiefst, als sie das aussprach, was sie schon seit so vielen Jahren belastete. Nun schwieg sie. Der unerwartete Gefühlsausbruch hatte sie total erschöpft. Noch nie hatte sie es gewagt, diesen Schmerz, der wie ein dunkler Schatten über ihrem Leben lag, in Worte zu fassen. Immer wieder waren ihre Gedanken um die beiden Worte „ungeliebt und abgelehnt“ gekreist wie Geier, die sich nicht abschütteln ließen. Oft hatte sich dieser tiefe Schmerz mit unbändiger Kraft völlig unvermittelt in Form von unkontrollierbaren Wutausbrüchen entladen. Dann hatte er wieder ganz tief vergraben in ihrem Herzen gewartet wie eine Bombe, die jederzeit explodieren konnte. Jetzt hatte sie diese unsägliche Verletzung zum ersten Mal in Worte gefasst, die nun im Raum standen und nicht mehr zurückgenommen werden konnten. Was würde geschehen? Wera setzte sich wieder an ihren Schreibtisch. Zaghaft und unsicher schaute sie ihren Lehrer an. Wie würde er reagieren? Würde sie nun wieder Ablehnung erfahren?

Der Pfarrer schaute Wera sehr ernst an, dann sagte er behutsam:

„Wera, das ist ein großer Schmerz, den du ertragen musst. Der Riss, der durch dein Leben geht, ist sehr tief. Ich bin beeindruckt von deinem Mut, darüber zu reden. Solche tiefen seelischen Verwundungen brauchen viel Zeit, um zu heilen.“ Vorsichtig fuhr er Wera über den Kopf. „Ich kann dir eines versprechen: Gottes Liebe gilt auch für dich, ja ganz besonders für dich. Gott liebt dich, als wärst du der einzige Mensch auf dieser Welt. Es tut ihm weh, dass du so leidest.“

Das Gehörte wühlte Wera so auf, dass sie fast nicht mehr still sitzen konnte. Sie griff nach einem Stift und begann Kreise in ihr Heft zu malen, während sie weiterhin ihrem Lehrer zuhörte, der fortfuhr:

„Schau mal: Mein Name ist Christlieb, und das bedeutet Christus liebt mich, er liebt dich, er liebt alle Menschen, ohne Einschränkung. Das ist die eine Seite. Die andere Seite ist, dass Christus auch will, dass wir ihn lieben. Das ist der Grund und der Sinn unseres Lebens. Vergiss das nie, liebe Wera. Wenn du vielleicht einmal alles vergisst, was dir dein Lehrer beigebracht hat, vergiss nie seinen Namen und was er bedeutet."

Ungläubig hörte Wera die Worte ihres Lehrers. Es hatte so gut getan, die schweren Gedanken in Worte zu fassen. Viel zu lange hatte sie sich diesem Schmerz hilflos ausgeliefert gefühlt, ohne bewusst seine Ursache zu realisieren. Nun hatten sich die Gedankensplitter, die sie wie Scherben immer wieder neu verletzt hatten, zu konkreten Worten zusammengefügt. Jetzt endlich konnte sie die Not ihrer Kindheit erkennen und benennen. Sie fühlte sich unglaublich erleichtert und atmete tief durch. Dann legte sie ihren Kopf auf den Tisch und weinte so lange, bis es ihr schien, als hätte sie keine Tränen mehr. Sie merkte, dass die Last, die sie so viele Jahre mit sich herumgetragen hatte, leichter geworden war. Nein, verschwunden war sie nicht. Es gab immer noch diesen Druck auf ihrer Seele. Ja, die Ereignisse von damals taten noch weh, aber der Schmerz konnte sie nun, da er benannt worden war, nicht mehr so tief verletzen. Es schien ihr, als würde plötzlich in dem großen undurchsichtigen Wirrwarr ihres bisherigen Lebensweges eine Spur aufleuchten, die es sich lohnte, weiterzuverfolgen.

Stuttgart 1870

Zwei Dinge sollten Kinder
Von ihren Eltern bekommen:
Wurzeln und Flügel.
(Johann Wolfgang von Goethe)

Wenn es die königlichen Verpflichtungen erlaubten, war die nachmittägliche Teezeremonie zu einem beliebten Ritual von Wera und ihrer Tante geworden. Wera liebte diese Stunde der Zweisamkeit. Dann war sie mit der Tante allein, und Tante Olly war viel entspannter und achtete nicht so sehr auf Weras Benehmen. Es war so gemütlich im Salon, sie konnten vieles miteinander bereden und manchmal auch miteinander lachen. Heute war Wera besonders zufrieden. Am Vormittag war sie gemeinsam mit Tante Olly als Repräsentantin des Königshofes unterwegs gewesen. Genießerisch schob sie sich eines der köstlichen Butterplätzchen in den Mund und griff dann nach der dampfenden Teetasse.

„Ach Tante Olly, das war heute Morgen ein netter Besuch im Katharinenstift. Ich meine, die Schülerinnen freuen sich ja immer, wenn wir das Stift beehren, aber heute war das schon etwas ganz Besonderes." Wera lachte zufrieden und dachte nochmals an das Ereignis am Vormittag zurück. Die Besuche mit Tante Olly im Katharinenstift, dem Mädchengymnasium, das 1818 von Königin Katharina gegründet worden war, waren für Wera immer eine schöne Abwechslung zum Alltag in Stuttgart. Außerdem fiel dann für sie der ungeliebte Vormittagsunterricht im Schloss aus. Wera fühlte sich unter den gleichaltrigen Mädchen sehr wohl, denn sie spürte, wie sie hier bewundert und oft auch beneidet wurde. Die Schülerinnen waren stets aufgeregt, wenn sich die Königin mit ihrer Pflegetochter ankündigte. Wera erfüllten diese Besuche mit Stolz. Hier fühlte sie sich als Mitglied des Königshauses angenommen und anerkannt. Die Schülerinnen, eine fröhliche Truppe, begegneten Wera mit großem Respekt.

Heute hatte der Besuch im Katharinenstift ihr ganz besonders viel Freude gemacht. Diesen Vormittag würde sie wohl nicht so schnell vergessen. Die Direktorin hatte Königin Olga und Wera mit noch größerer Aufregung als sonst empfangen, ganz blass war sie gewesen. Ihre Hände hatten so sehr gezittert, dass Tante Olly schließlich teilnahmsvoll nach ihrem persönlichen Befinden gefragt hatte. Zunächst war die Direktorin nicht in der Lage gewesen zu antworten. Wie immer bei ihren Besuchen zogen sich Tante Olly und die Schuldirektorin bei einer Tasse Tee zum Gespräch zurück. Diesen Teil der Besuche im Katharinenstift liebte Wera nicht so sehr. Er erforderte immer viel Geduld, aber sie wusste nur zu gut, dass Tante Olly von ihr erwartete, still daneben zu sitzen, während die beiden Frauen ins Gespräch vertieft waren.

Voller Mitgefühl erkundigte sich Tante Olly erneut nach der Gesundheit ihrer Gesprächspartnerin. Die Anteilnahme der Königin berührte die Frau offensichtlich sehr. Sie schluckte und brach dann in Tränen aus. Schließlich, nachdem sie sich etwas beruhigt hatte, konnte sie über ihr Leid reden: Sie habe große Probleme mit ihrer Gesundheit, ja geradezu todkrank fühle sie sich. Stockend fuhr sie fort:

„Die Blase, die Blase, Majestät, macht mir großen Kummer. Ich möchte Sie nicht mit solch delikaten Dingen belästigen, Majestät, aber ich fürchte, ich muss meine Aufgabe, die doch die Erfüllung meines Lebens ist, bald in andere, gesündere Hände übergeben." Wieder flossen Tränen. Wera sah Tante Olly an, wie erschrocken sie war. Mitfühlend ergriff die Tante die Hand der leidenden Frau.

„Aber, meine Liebe, unter uns Frauen, was sind denn Ihre Beschwerden. Sprechen Sie sich ruhig aus."

„Königliche Hoheit, ich kann kaum darüber reden. Noch immer bin ich ganz erschrocken. Gestern, als ich meinen Nachttopf leeren wollte, fuhr mir der Schreck so sehr in die Glieder, dass ich ihn fast zu Boden fallen ließ. Stellen Sie sich vor, königliche Hoheit, mein Nachttopf – er schäumte über! Es brodelte, und Blasen stiegen auf. Seit heute fühle ich nun dieses Brodeln auch in meinem Leib." Die Direktorin konnte ihre Tränen schon wieder nicht mehr zurückhalten, während sich Wera den blubbernden Nachttopf vorstellte und das Lachen kaum verbeißen konnte. Nur der strenge Blick von Tante Olly verhinderte, dass sie laut loslachte. Ernsthaft ordnete die Königin sogleich eine Untersuchung an. Das corpus delicti, der Nachttopf, noch immer leicht schäumend, wurde gebracht.

Bei den Schülerinnen hatte sich das Problem der Direktorin inzwischen ebenfalls herumgesprochen. So meldeten sich kurz darauf zwei ängstlich dreinblickende Schülerinnen und baten um ein vertrauliches Gespräch mit der Königin. Wera taten die beiden sichtlich erschrockenen Mädchen leid, als sie zugaben, Auslöser des gesundheitlichen Problems zu sein. Stockend und mit zitternder Stimme berichteten die beiden Schülerinnen, sie hätten Brausepulver in den Nachttopf der Direktorin geschüttet. Immer wieder beteuerten sie, dass sie der Direktorin nur einen kleinen Streich spielen wollten, nicht ahnend, was dieser auslösen würde.

Nun konnte Wera nicht mehr an sich halten. Schallend lachte sie los. Zuerst erntete sie einen strafenden Blick von Tante Olly, aber dann konnte sich diese auch nicht mehr beherrschen und schmunzelte. Wera merkte, dass es die Tante größte Selbstbeherrschung kostete, die beiden Mädchen zurechtzuweisen und zu ermahnen, solche Späße künftig zu unterlassen. Dann beruhigte sie die Direktorin des Katharinenstifts und bat sie, gegenüber ihren Schülerinnen nicht zu hart zu sein.

„Schließlich sind sie mindestens genauso erschrocken“, meinte sie wohlwollend. „Meine Liebe, seien wir doch froh und dankbar, dass sich diese Krankheit so leicht heilen ließ. Der König und ich schätzen Ihre Arbeit ungemein. Es wäre für das Katharinenstift mit Sicherheit ein unschätzbarer Verlust, wenn wir Sie verloren hätten. So wollen wir heute doch Gnade vor Recht ergehen lassen.“

„Ja, Tante Olly, das war ein lustiger Besuch heute Morgen. Schade, dass ich nicht auf die Idee mit dem Brausepulver gekommen bin. Frau von Massenbach ...“

„Wera! Untersteh dich! Solche Streiche passen auf gar keinen Fall hierher ins Schloss!“ Tante Ollys Stimme klang wieder einmal sehr energisch. „Von dir wird ein anderes Benehmen erwartet. In dir fließt Zarenblut, das verpflichtet! Wera, ich bitte dich, du kannst dich unmöglich mit diesen Mädchen im Stift auf eine Stufe stellen.“

Wera nickte ergeben und schenkte sich nochmals Tee ein, um sich so eine Antwort zu ersparen. Auf gar keinen Fall wollte sie heute die Tante enttäuschen und damit die gute Stimmung verderben. Tante Olly griff nach einem Brief, der auf dem Tisch lag.

„Ach übrigens, hier habe ich Post aus St. Petersburg. Es gibt etwas sehr Wichtiges mit dir zu besprechen."

Wera erschrak über den bedeutungsvollen Ton in Tante Olly Stimme. „Ist etwas passiert mit Mama und Papa? Sind es schlechte Nachrichten?"

„Nein, im Gegenteil. Ich habe gute Neuigkeiten. Konstantin und Alexandra geht es gut. Es geht um dich, liebe Wera." Tante Ollys Stimme wurde plötzlich sehr weich. Wera atmete tief durch. Das klang nicht nach Schwierigkeiten. Gespannt schaute sie Tante Olly an. Diese räusperte sich: „Wera, du bist nun genau sieben Jahre hier in Stuttgart. Du hast dich in dieser Zeit zu meiner großen Freude sehr gut entwickelt. Aus dir ist eine liebenswürdige, wohlerzogene junge Dame geworden. Du bist für mich eine Quelle großer Freude, und ich bin dankbar, dass du dich hier so gut eingelebt hast. Auch der König ist glücklich, dass du unser Leben hier so bereicherst." Tante Olly machte eine kurze Pause und trank eine Schluck Tee. Sie räusperte sich erneut. „Nun, Wera, wir denken, es ist Zeit, dass du auch rechtlich hier zu unserem Kind wirst. Liebe Wera, König Karl und ich möchten dich adoptieren als unser Kind. Du gehörst damit hierher zum württembergischen Königshof und wirst Kronprinzessin von Württemberg."

Wera hatte stumm zugehört. Vor Freude konnte sie zunächst gar nichts sagen. Das Lob aus dem Mund von

Tante Olly raubte ihr fast den Atem. Hatte sie richtig gehört? Was für wunderbare Nachrichten! Onkel Karl und Tante Olly wollten sie als ihr Kind adoptieren! Sie durfte hier bleiben, hier in Stuttgart! In Weras Kopf wirbelten die Gedanken nur so durcheinander. Jetzt war sie nicht mehr Wera, das ungeliebte Kind, das niemand wollte. Sie war jetzt Wera, geliebt und adoptiert vom König und der Königin von Württemberg. Sie schaute Tante Olly an.

„Wera?“ Tante Ollys fragender Blick riss Wera aus ihren Gedanken. „Wera, willst du das? Willst du, dass wir dich adoptieren?“ Sie zeigte auf den Brief aus St. Petersburg. „Wir haben deine Eltern schon gefragt. Heute kam die Antwort: Sie sind einverstanden mit der Adoption. Wenn du das auch willst, dann können wir eine richtige Familie werden.“

„Ja, ja, ja! Tausendmal ja!“ rief Wera übermütig, sprang auf und nahm Tante Olly in den Arm.

„Aber, aber Kind. Ist das jetzt nicht ein bisschen schnell? Willst du es dir nicht noch in Ruhe überlegen?“ fragte Tante Olly. Aber Wera schüttelte energisch den Kopf:

„Nein, Tante Olly. Ich weiß ganz sicher, dass ich hierher nach Stuttgart gehöre. Hier will ich bleiben, für immer und ewig.“

Gerührt stricht Olga Wera über die Wange.

„Ach Kind, ich freu’ mich ja so. Du bist für mich ein rechtes Gottesgeschenk geworden. Wie schön, dass sich alles so zum Guten gewendet hat.“

Stuttgart 1871

Jeder Tag ist ein Schritt im Leben.
Es liegt ein weiter Weg
Zwischen Krieg und Frieden,
zwischen Hass und Liebe
zwischen Worten und Taten
zwischen Not und Hilfe
zwischen Feindschaft und Verstehen.
Jeden Tag gehen wir auf diesem Weg.
(Quelle unbekannt)

Die königliche Kutsche fuhr mit einem Ruck an. Wera schaute nervös aus dem Fenster und versuchte sich abzulenken, indem sie intensiv die Umgebung beobachtete. Die Häuserfassaden und die Bäume, die den kurzen Weg vom Schloss zum Bahnhof säumten, waren ihr wohlbekannt. Die Fahrt dauerte nur wenige Minuten, aber heute wünschte sich Wera, sie würden nie ihr Ziel erreichen. Sie fürchtete sich vor all dem Unbekannten, das dieser Tag heute mit sich bringen würde. Immer wieder strich sie über ihren Rock und versuchte, ihre schweißnassen Hände abzutrocknen. Wera räusperte sich

„Ich habe Angst, Tante Olly. Was kommt auf uns zu? Was denkst du, wie werden die Soldaten reagieren, wenn sie uns sehen?“ Ängstlich fasste Wera nach der Hand ihrer Tante. „Noch nie habe ich verletzte Menschen berührt. Ich weiß nicht, ob ich das kann. Müssen denn wir die heimkehrenden Soldaten in Empfang nehmen? Könnte dies nicht jemand anderer übernehmen?“

Beruhigend drückte die Tante ihre Hand.

„Aber Wera, es ist unsere Aufgabe, dass wir diesen Menschen, die so große Opfer für unser Land gebracht haben, Trost spenden. Niemand fragt, ob wir das können. Es ist unsere Pflicht, heute die verletzten Soldaten zu begrüßen." Wera schwieg kurz, dann fuhr sie nachdenklich fort:

„Ich war so stolz, als letztes Jahr im Sommer unsere Soldaten siegreich gegen Frankreich gekämpft haben. Es war unglaublich, immer wieder diese wunderbaren Nachrichten von unseren tapferen württembergischen Truppen zu hören. Wie gern hätte ich mich ihnen angeschlossen. Unsere Armee hat großartig gekämpft und gesiegt." Für einen Moment brachen Stolz und Begeisterung in ihrer Stimme durch, doch dann wurde ihr wieder bewusst, welch schwere Aufgabe heute vor ihr lag. „Aber jetzt graut mir vor der Heimkehr der Verwundetentransporte. Ich fürchte mich vor der Begegnung mit diesen armen Menschen. Am liebsten würde ich mich im Schloss verstecken." Voller Bangen schaute Wera ihre Tante an. Doch diese hatte wenig Verständnis.

„Wera, meine Liebe, eine Romanow flieht nicht vor Schwierigkeiten und vor der Pflicht. Niemals mehr will ich hören, dass du dich im Schloss vor unangenehmen Situationen verstecken willst. Du wirst dich als Mitglied des Königshauses auch dieser Seite des Krieges stellen."

Wera zuckte zusammen. Begriff die Tante denn gar nicht, wie schrecklich für sie der Gedanke war, verschmutzte, blutige und verletzte Soldaten anzusehen und womöglich sogar zu berühren? Eine Weile schwieg sie. Schließlich sagte sie trotzig:

„Und wenn ich es aber nicht kann..."

„Meine Liebe, du kannst es“, fiel ihr Tante Olly ungehalten ins Wort. „Das Leben ist nicht immer einfach, es fordert Einsatz, der nicht nur angenehm ist.“ Sie strich Wera über den Arm, und mit einer versöhnlicheren Stimme fuhr sie fort: „Du wirst bald merken, dass die Soldaten sehr dankbar sind, wenn wir uns um sie kümmern.“ Wera schaute die Tante zweifelnd an. „Wera, es ist ein Liebesdienst, dass wir sie heute in all ihrem Schmerz und Leid nicht alleine lassen. Das Königshaus darf sich der Not seiner Untertanen nicht verschließen. Wir müssen diesen armen Männern, die hier gleich mit dem Lazarettzug eintreffen, beistehen.“

Wera schaute betreten auf den Boden. Die Tante ließ sich offensichtlich nicht umstimmen. So schwer es ihr auch fallen würde, sie musste sich der Situation, die sie erwartete, stellen. Noch einmal betonte Tante Olly:

„Auch wenn es nicht leicht ist, es ist unser beider Pflicht, am Bahnhof die Verwundetentransporte zu empfangen. Glaub mir, Wera, auch ich muss mich überwinden, mich diesem großen Jammer auszusetzen.“ Die Tante seufzte.

Wera schaute zum Fenster ihrer Kutsche hinaus auf den Bahnhofsvorplatz. Eine riesige, aufgeregte Menschenmenge hatte sich dort versammelt. Sie sah in den Gesichtern der Frauen und Kinder Hoffnung und Angst. Ärzte und Krankenschwestern standen bereit. Vorsorglich hatte man Decken und Bahren für die verletzten Soldaten gebracht.

Jetzt hörte Wera das Pfeifen der Lokomotive und in der Ferne das Rollen der Räder. Der Lazarettzug, der die

Verwundeten aus dem deutsch-französischen Krieg zurückbrachte, kündigte sich an. Seit dem Morgengrauen war seine Ankunft mit großem Bangen erwartet worden. Nun wuchs die Spannung ins Unermessliche. Das Durcheinander und der Lärm vor dem Stuttgarter Bahnhof wurden unbeschreiblich.

Wera schaute ihre Tante fragend an.

„Was soll ich jetzt tun?"

„Wenn der Zug gleich eingefahren ist, werden wir die Kutsche verlassen. Du wirst sehen, alles andere ergibt sich von selbst. Bleib in meiner Nähe und achte darauf, wie ich mich verhalte", sagte diese und öffnete energisch die Tür ihrer Kutsche. Ohne auf den Schmutz auf der Straße zu achten, schritt sie zügig in Richtung Bahnsteig. Wera blieb nichts anderes übrig, als ihr zu folgen. Entsetzt blickte sie sich um.

Der Lazarettzug hatte bereits angehalten. Die Waggontüren wurden geöffnet. Schon stiegen die ersten Soldaten, die noch in der Lage waren zu gehen, aus. Alle waren sie unglaublich schmutzig, bleich und trugen blutgetränkte Verbände. Manche stützten sich gegenseitig oder humpelten an Krücken. Das Stöhnen und der Lärm waren kaum zu ertragen. Nun brachten Sanitäter einige schwer verwundete Soldaten auf Tragen aus dem Zug. Wera hielt den Atem an angesichts des Grauens, das sich ihr bot. Noch nie in ihrem Leben hatte sie so etwas Furchtbares gesehen. Am liebsten hätte sie auf dem Absatz kehrt gemacht und wäre wieder in die Sicherheit ihrer Kutsche zurückgekehrt, doch sie fühlte sich wie gelähmt. Sie spürte, dass ihre Knie anfingen zu zittern und der Schweiß ihr aus allen Poren brach. Wera lehnte sich eine Säule und suchte mit ihren Händen Halt. Jetzt nur nicht in Ohnmacht fallen, diese Blöße wollte sie sich nicht geben. Sie atmete tief durch. Dann ballte sie die Hände zu Fäusten und streckte ihren Rücken durch. Sie spürte, wie das Zittern nachließ und fühlte wieder festen Boden unter den Füßen. Sie würde nicht feige ausweichen, sondern wollte sich der Situation mutig stellen, befahl sie sich stumm. Zaghaft machte sie einige Schritte vorwärts und blickte sich um. Was sollte sie hier tun? Wie konnte sie helfen? Da sah sie Tante Olly, die neben einer Bahre stand. Sie hatte eine Kanne in der Hand und reichte dem Mann auf der Liege eine Tasse Tee.

„Durst, Durst", hörte Wera einen jungen Soldaten stöhnen. Er lag auf einer Trage neben ihr und wand sich vor Schmerzen. Wera schauderte und doch fühlte sie sich zu dem armen Mann hingezogen. Dieser offensichtlichen Not konnte sie sich nicht entziehen, ja, es drängte sie, hier helfend einzugreifen. Sie wusste aber nicht, wie sie es bewerkstelligen konnte. Suchend drehte sich Wera um und fand eine Krankenschwester, die aus einer Kanne Tee in Becher schenkte und an die Umstehenden verteilte. Schnell ergriff Wera ebenfalls eine Teekanne, schenkte einen Becher ein und reichte dem Verletzten warmen Tee.

„Danke, danke, Schwester", murmelte er und trank gierig das warme Getränk. Nachdem er den Becher leergetrunken hatte, griff er nach Weras rechter Hand.

„Schmerzen, Schmerzen", murmelte er. Wera kniete sich nieder und strich ihm mit der linken Hand über die heiße Stirn. Wie schlimm, dass ich nicht mehr für ihn tun kann, als ihm diesen Tee zu geben. So gern würde ich wirklich helfen. Ich fühle mich so schrecklich hilflos. dachte sie. Da spürte sie, wie seine Hand erschlaffte. Der Mann hatte das Bewusstsein verloren. Wera winkte erschrocken einem Arzt, der sich einige Meter weiter über eine Liege beugte. Zu Weras Erleichterung kam er sofort her. Er fühlte dem Soldaten den Puls, hob dessen Augenlid. Wera schaute den Arzt ängstlich fragend an, doch dieser schüttelte nur den Kopf.

„Für ihn können Sie nichts mehr tun."

Wera ließ seine Hand los. Mit Tränen in den Augen ging sie weiter. Zeit zum Nachdenken hatte sie keine. Es gab hier noch so viele, die Durst hatten, Durst nach Tee, aber auch nach Nähe und Zuwendung. Wie furchtbar, dass ich nicht mehr für diese armen Menschen tun kann, dachte sie immer wieder, während sie mit ihrer Teekanne den Bahnsteig entlangging und versuchte, ein ganz klein wenig Trost und Zuversicht in dieser unermesslichen Not um sie herum zu verbreiten.

Schließlich konnte sie sich kaum noch auf den Beinen halten. Es schienen Tage vergangen zu sein, seitdem sie die Tante das letzte Mal gesehen hatte. Allmählich kehrte etwas Ruhe ein. Nur noch wenige Verletzte wurden von den Ärzten versorgt und zum Transport in ein Krankenhaus vorbereitet. Erschöpft schleppte sich Wera mit dreckigem und blutverschmiertem Kleid zur wartenden Kutsche. Tante Olly folgte kurze Zeit später. Sie warf sich ihrer Tante weinend in die Arme:

„Ach Tante Olly, es war so furchtbar. Ein junger Soldat ist in meinen Armen gestorben. Ich konnte nichts anderes tun, als seine Hand zu halten. Warum durfte er nicht überleben?" Ein Zittern ging durch Weras Körper.

„Es war so schrecklich, ihm nicht helfen zu können und mit ansehen zu müssen, wie er litt. Er hatte so schlimme Schmerzen und schaute mich so traurig an, so leer. Nie mehr werde ich diesen Blick vergessen.“

Tante Olly strich Wera immer wieder über den Kopf. Dann seufzte sie:

„Ach Kind, ja, ich weiß, es ist grausam. Dieser Krieg forderte so viele Opfer. Uns bleibt nur die Aufgabe zu helfen, wo wir können. Nicht nur die verwundeten Soldaten, auch ihre Familien und die verwaisten Angehörigen werden unsere Unterstützung brauchen. Es wird unsere Aufgabe sein, uns für diese armen Menschen einzusetzen.“

Im Schloss entledigte sich Wera so schnell es ging ihrer schmutzigen Kleidung und nahm ein heißes Bad, doch die schlimmen Eindrücke ließen sich nicht mit warmem Wasser und duftender Seife abwaschen. Die Bilder der verletzten Soldaten und der weinenden Menschen am Bahnhof verfolgten sie bis in den Schlaf. Nein, noch einmal wollte sie einen solch schrecklichen Tag nicht mehr erleben. Als sie am folgenden Morgen am Frühstückstisch saß und ihren heißen Kakao trank, fühlte sie den Anflug eines schlechten Gewissens. Wie gut ging es ihr hier im warmen Schloss. Der Duft des Frühstücks stieg ihr in die Nase. Da sie gestern Abend keinen Appetit gehabt hatte, war ihr Hunger heute Morgen umso größer. Das Rührei und der gebratene Schinken schmeckten lecker. Die Butter verschmolz langsam auf der warmen Brezel. Plötzlich blieb ihr jedoch der Bissen im Hals stecken. Sie sah wieder jene schreckliche Szene, die sich gestern auf dem Bahnsteig abgespielt hatte. Eine Bahre wurde aus dem Zug gehoben, auf der ein bleicher Soldat mit geschlossenen Augen und blutleeren Lippen lag. Neben Wera löste sich eine junge Frau aus der Menge. Sie trug einen Säugling auf dem Arm. Weinend kniete sie sich nieder und strich dem Mann immer wieder übers Gesicht. Der Soldat öffnete kurz die Augen. Dann stöhnte er auf und murmelte einige Worte. Die Frau zuckte zusammen und hob die Wolldecke, die über den Beinen ihres Mannes lag. Sie schrie auf. Es waren nur zwei Beinstümpfe zu sehen, deren Verbände blutdurchtränkt waren. Der Mann drehte den Kopf zur Seite. Schluchzend brach die Frau zusammen. Wera sah, wie sich zwei kleine Kinder hilflos an der weinenden Mutter festklammerten. Wie gerne hätte sie hier irgendwie geholfen, doch sie musste tatenlos dem Leid dieser Familie zusehen. Später sah Wera, wie zwei Krankenschwestern die weinende Frau wegbrachten. Ein Tuch bedeckte nun das Gesicht des Soldaten. Offensichtlich war der Mann kurz nach seiner Ankunft in Stuttgart verstorben. Das Bild der verzweifelten Mutter mit ihren zwei kleinen Kindern ließ sie nicht mehr los. Sie fühlte sich richtiggehend schuldig, wenn sie daran dachte, wie gut sie hier im Schloss lebte, während andere Menschen unsagbares Leid erfuhren. Vermutlich fehlte ihnen jetzt, nachdem die Väter nicht mehr für die Familien sorgen konnten, das Lebensnotwendigste. Wie konnte sie hier genüsslich Kakao und Butterbrezeln verspeisen, während andere Kinder hungerten? Wera legte ihre Brezel zurück auf den Teller.

„Wie mag es wohl den Menschen heute gehen, die gestern ihre verletzten und sterbenden Männer und Väter empfangen haben? Ach Tante, die Bilder gehen mir nicht mehr aus dem Kopf. Ich fühle mich so hilflos.“

Königin Olga sah Wera in die Augen:

„Meine Liebe, ich bin stolz auf dich. Du hast deine Aufgabe sehr gut erfüllt. Du hast den Menschen ein wenig ihre Not gelindert." Glücklich vernahm Wera das Lob ihrer Tante. Diese fuhr fort: „Du wirst sehen, mit der Zeit wird die Begegnung mit den Verletzten und Kranken immer leichter. Morgen, wenn wir dem Lazarett einen Besuch abstatten, wirst du schon besser mit der Situation zurechtkommen."

Wera schaute die Tante entsetzt an. Sie war so froh, dass sie den gestrigen Tag überstanden hatte. Nun sollte sie sich morgen wieder um verletzte und kranke Menschen kümmern? Sie fühlte sich erschöpft und ausgelaugt. Unmöglich konnte sie nochmals solch einen Kraftakt auf sich nehmen. Nach einiger Zeit des Schweigens fragte Wera zaghaft:

„Müssen wir morgen tatsächlich nochmals zu den verletzten Soldaten, Tante Olly?"

„Selbstverständlich, das ist unser Dienst am Vaterland, nachdem diese Männer sich für unser Land so eingesetzt haben. In den kommenden Wochen werden wir dem Lazarett öfters einen Besuch abstatten, um die Verletzten zu trösten und das Pflegepersonal zu ermutigen. Die Menschen müssen erleben, dass das Königshaus hinter ihnen steht."

„Nein, das kann ich nicht. Niemals!"

Wera schob so energisch ihren Stuhl zurück, dass dieser krachend zu Boden fiel. Dann rannte sie aus dem Speisesaal in ihr Schlafzimmer. Dort warf sie sich auf ihr Bett und weinte. Nein, niemand konnte von ihr verlangen, dass sie von nun an täglich in dieses schreckliche Krankenhaus ging. Doch alles Weinen und Schimpfen half nichts. Tante Olly ließ nicht mit sich reden, und so saß Wera am folgenden Tag mit trotziger Miene in der Kutsche und begleitete die Königin auf ihrer Fahrt ins Lazarett. Dort wurde die königliche Kutsche bereits erwartet.

Die Oberschwester begleitete sie in einen Raum, in dem unzählige Betten dicht nebeneinander standen. Ein übler Geruch stieg Wera in die Nase. Einige Männer stöhnten, andere riefen um Hilfe. Am liebsten hätte Wera sich die Ohren zugehalten. Sie stolperte durch die engen Gänge zwischen den Krankenliegen hinter Tante Olly her und war völlig außerstande, sich den Menschen zuzuwenden. Die Tante fand für jeden der Verletzten ein teilnahmsvolles Wort. Immer wieder hielt sie inne und versuchte zu trösten und aufzumuntern. Bevor sie sich verabschiedeten. bedankte sie sich freundlich bei den Schwestern für ihren aufopferungsvollen Dienst. Wera stand stumm daneben und war froh, als sie den Saal verlassen konnte. Dann betraten sie das nächste, noch größere Krankenzimmer, in dem sich ebenfalls Bett an Bett reihte. Dort war es ruhiger, der üble Geruch jedoch noch penetranter als im vorherigen Raum. Die Kranken lagen still auf ihren Liegen. Ab und zu hörte man ein lautes Husten. Meist hatten die Männer die Augen geschlossen oder schauten teilnahmslos ins Leere. Manchmal fragte sich Wera, ob die Soldaten überhaupt noch lebten. Sie hatte schreckliche Angst, sich bei diesen offensichtlich todkranken Menschen anzustecken. Der Gestank nahm ihr den Atem. Sie fing an zu zittern. Nach einigen Minuten hielt es Wera nicht mehr aus. Sie drehte sich um, rannte ins Freie und schnappte nach Luft. Ihr war furchtbar schlecht, und sie konnte ein Würgen nicht mehr unterdrücken. Schließlich erbrach sie sich. Zitternd lehnte sie sich an die Hauswand und wischte sich mit dem Handrücken den Mund ab. Sie schloss die Augen. Allmählich beruhigte sich ihr Magen, aber in ihrem Mund schmeckte sie einen eklig-sauren Geschmack. Plötzlich fühlte sie Tante Ollys kühle Hand auf ihrer Stirn. Noch immer war sie der Tante böse, doch die Berührung tat ihr unsagbar gut.

„Du wirst sehen, morgen geht es schon besser“, sagte Tante Olly. Sie reichte Wera ein Glas Wasser, mit dem sie versuchte, den üblen Geschmack hinunterzuspülen. Dann führte die Tante Wera zur Kutsche. Schweigend legten sie den Weg ins Schloss zurück. Beim Abendessen würgte Wera einige Bissen hinunter und zog sich bald in ihr Zimmer zurück.

An den folgenden Tagen fuhr die Königin alleine ins Lazarett. Wera war zunächst unsagbar froh, dass sie nicht mehr gebeten wurde mitzukommen. Doch wenn sie beim Abendessen die müden Augen der Tante sah, spürte sie einen Anflug von schlechtem Gewissen, das jeden Tag heftiger wurde. Ausführlich berichtete Tante Olly Onkel Karl von ihren Besuchen und den Begegnungen mit den Soldaten und dem Pflegepersonal. Mit glänzenden Augen erzählte sie, wie dankbar die Soldaten für jedes tröstende Wort und die Tasse Tee waren, die sie ihnen reichte.

„Etwas Sinnvolles zur Linderung der Not dieser tapferen Männer beizutragen, bedeutet mir unendlich viel“, erklärte Tante Olly, während sie ein Stück Fleisch aufspießte und in die Soße tunkte.

„Ja, es ist ein schwerer, aber auch ein wichtiger Dienst, den du im Lazarett übernommen hast“, liebevoll tätschelte Onkel Karl ihre Hand. „Ich bin dir so dankbar und bewundere dich für das, was du leistest, meine Liebe.“ Wera sah, wie die Tante leicht errötete.

„Vielen Dank, deine Anerkennung bedeutet mir viel“, erwiderte sie auf das Lob ihres Mannes. Es war einer der seltenen Momente, an denen Wera Zuneigung zwischen ihren Pflegeeltern wahrnahm. Sie fühlte sich richtiggehend ausgeschlossen. Ein wenig beneidete sie die Tante, denn sie merkte, wie erfüllt diese täglich von ihren Ausfahrten nach Hause kam. Während Wera im Schloss die Zeit totschlug, verbrachte Tante Olly ihre Tage mit ungleich Sinnvollerem. Zudem ließen Wera die Bilder der leidenden Soldaten nicht mehr los, sie verfolgten sie manchmal bis in den Schlaf. Wäre es da vielleicht nicht besser, die Tante nochmals zu begleiten? Sie gehörte auch zum Königshaus, und ihr war nur allzu klar, was von ihr erwartet wurde. Die Vorteile hier im Schloss genoss sie gerne, sollte sie die dazugehörigen Pflichten nicht auch übernehmen? Vielleicht war es tatsächlich besser, sich um die Verletzten zu kümmern und Not zu lindern.

Als Tante Olly am folgenden Morgen wieder ihre Kutsche bestieg, um das Lazarett zu besuchen, war sie völlig überrumpelt, als Wera im letzten Augenblick aufsprang.

„Ich komme mit“, murmelte sie. Schweigend legten sie die Fahrt zurück. Schließlich unterbrach Tante Olly die Stille kurz vor dem Ziel:

„Begleite mich einfach. Wir werden Tee ausschenken, zuhören und trösten. Mehr können wir nicht tun. Aber die Menschen sind unendlich dankbar dafür.“

Wera nickte beklommen. Erstaunt registrierte sie, mit welch freundlicher Selbstverständlichkeit sie begrüßt wurden. Resolut griff die Tante nach einer Kanne und drückte Wera Becher in die Hand. Gemeinsam gingen sie von Bett zu Bett. Für jeden Kranken hatte Tante Olly ein freundliches Wort. Oft hielt sie eine Zeitlang eine Hand oder strich über eine Stirn. Dort, wo es möglich war, schenkte sie Tee aus. Zaghaft machte es Wera ihrer Tante nach. Manchmal, wenn der Anblick der Wunden Wera zu sehr schockierte, musste sie tief durchatmen. Bald merkte sie, dass es ihr dann half, einen langen Blick aus dem Fenster am Ende des Raumes zu werfen, bis sie sich wieder gesammelt hatte. Ein Soldat öffnete seine Augen und winkte Wera zu sich. Sie musste sich zu ihm hinunterbeugen, um seine leise Stimme zu verstehen.

„Schwester", flüsterte er voller Angst, „ich weiß, ich werde bald sterben. Niemand kann mir helfen." Mit letzte Kraft formulierte er seine Worte. „Dann sind meine Kinder ganz allein auf der Welt. Kümmern Sie sich um meine verwaisten Kinder? Bitte, versprechen Sie es mir." Wera sah ihn an. Was forderte dieser Mann von ihr? Doch der Soldat ließ nicht locker. „Sie müssen es mir versprechen. Meine Frau ist letzte Woche verstorben. Sie haben es mir hier geschrieben." Er zeigte Wera zitternd einen zerfledderten Brief. „Sie müssen sich um meine Kinder kümmern. Ich habe niemanden sonst, den ich bitten kann." Flehend schaute der Mann Wera an und klammerte sich an ihrer Hand fest. Sie nickte, oh, ja wie gut kannte sie das Gefühl, allein und von den Eltern verlassen zu sein. Der Mann schien ihr Nicken als ein Versprechen aufzufassen. Mit einem leisen „Danke, möge Gott

Sie dafür segnen", schloss er seine Augen und tat einen letzten Atemzug. Wera sah den Toten entsetzt an, dann ging sie weiter wie in Trance. Was hatte sie hier versprochen? Unmöglich konnte sie eine solche Verantwortung übernehmen. Und doch: Hätte sie eine andere Möglichkeit gehabt, als diesem armen Mann seinen letzten Wunsch zu erfüllen? Nachdenklich folgte sie Tante Olly.

Nachdem sie durch alle Krankensäle gegangen waren und jeden der Soldaten kurz besucht hatten, fand Tante Olly noch lobende Worte für die Ärzte und Schwestern. Schließlich machten sie sich wieder auf den Heimweg. Erschöpft ließ sich Wera in der Kutsche auf die Bank fallen. Immer wieder streifte sie ihre Hände an ihrem Mantel ab. Sie fühlte sich unendlich müde und schmutzig. Der Geruch nach Krankheit, geronnenem Blut und Desinfektionsmitteln schien überall in ihren Haaren und Kleidern zu hängen. Vorsichtig schaute sie Tante Olly an. Diese strahlte, obwohl ihre Augen auch müde aussahen:

„Wera, du kannst dir gar nicht vorstellen, welche Freude du mir heute gemacht hast." Wera nickte. Sie war zu müde, um zu antworten, aber tief in ihrem Inneren war sie unsagbar stolz. Am folgenden Morgen berichtete Wera ihrer Tante von dem Versprechen, das sie dem sterbenden Soldaten gegeben hatte.

„Ich wusste mir nicht mehr zu helfen. Wie sonst hätte ich denn diesen armen Mann beruhigen können?" fragte Wera. „Und jetzt habe ich die Verantwortung für die Kinder, die ich nicht einmal kenne." Die Königin versprach, sich bei den Krankenschwestern nach der Familie zu erkundigen und sich um einen Platz für die Kinder zu kümmern. Wera atmete auf, und doch ließ sie der Blick des sterbenden Soldaten nicht mehr los. War es richtig, die Verantwortung einfach auf Tante Olly abzuschieben, die wiederum anderen den Auftrag gab, für diese Kinder zu sorgen?

Ein halbes Jahr nach dieser schlimmen Zeit, saß Wera stolz mit Tante Olly im vierspännigen Wagen im Hof des Residenzschlosses. Sie schaute auf und sah Onkel Karl neben der Kutsche hoch zu Pferde in seiner Paradeuniform. Begleitet wurde er von seinem ganzen Gefolge. Wera war beeindruckt: Wie prächtig der Onkel aussah! Heute wurde die siegreiche Rückkehr der württembergischen Truppen aus dem deutsch-französischen Krieg gefeiert. Wera konnte nicht genug staunen über die glückliche Stimmung, die über Stuttgart lag. In der Ferne erkannte sie den Triumphbogen, der extra für die heimkehrenden Truppen errichtet worden war. Die Aufschrift, die man dort angebracht hatte, konnte sie nicht lesen, dazu war die Entfernung zu groß, doch die Tante hatte ihr den Text, mit dem die Soldaten begrüßt werden sollten, heute Morgen so oft zitiert, dass sie auswendig wusste, was auf dem Bogen geschrieben stand:

Die Ihr gerettet Deutschlands Ehre,
geschlagen Frankreichs stolze Heere
Euch Helden von der Marne Strand
Bringt seinen Dank das Vaterland!

An der Straße dem Schlossplatz gegenüber sah Wera die jubelnde Menschenmenge. Die Feuerwehr stand Spalier, und Schützen des Schützenvereins feuerten Salut. Weiter hinten hörte Wera einen Musikverein, der den Triumphmarsch spielte. Die blumengeschmückten Soldaten zogen unter dem Jubel der ganzen Bevölkerung ein. Zunächst kam die Infanterie. Wera war beeindruckt, als sie die Regimenter in ihren rotweißen Uniformen sah, die Fahnen hoch erhoben. Dann folgten die Ulanen, die berittenen Regimenter mit ihren Standarten, auf denen ein goldenes „W" zu sehen war. Die Begeisterung war unbeschreiblich. Wera war überwältigt. Hier jubelten die Württemberger über ihre Truppen, die sich so tapfer und siegreich geschlagen hatten. Der König und die Königin wurden von ihrem Volk gegrüßt und geehrt. Und sie, Wera, gehörte dazu. Sie durfte miterleben, dass sie nun ein Mitglied dieses Königshauses war. Sie durfte heute den Sieg der württembergischen Truppen, ihrer württembergischen Truppen, mitfeiern. Wera spürte grenzenlosen Stolz und Freude in ihrem Herzen. Heute war sie Teil dieses Volkes. Wie hatte sie jemals diese Stadt als grau und unwirtlich bezeichnen können? Wie hatte sie sich jemals hier einsam fühlen können? Heute war alles vergessen. Hier verband alle die unermessliche Freude, die für einen Tag wie eine riesige Welle alles Traurige und Schwere der vergangenen Wochen hinwegspülte. Sie fühlte sich auf der Begeisterungswelle der Stuttgarter emporgehoben und ließ sich vom allgemeinen Freudentaumel mittragen. Diesen Tag, schwor sich Wera, wollte sie nie vergessen.

Carlsruhe in Schlesien 1872

Die Liebe hemmet nichts;
Sie kennt nicht Tür noch Riegel,
Und dringt durch alles sich;
Sie ist ohn Anbeginn,
schlug ewig ihre Flügel,
und schlägt sie ewiglich.
(Matthias. Claudius)

Der starke Wind trieb die dunklen Wolken zusammen. Sobald der Sturm nachließ, würde es zu regnen beginnen. Herzog Eugen ritt in schnellem Tempo die aufgeweichte Landstraße entlang. Nach allen Seiten spritzte der Matsch und hinterließ graubraune Spuren auf den Wiesen, die den Weg säumten. Offensichtlich hatte es in den vergangenen Tagen bereits heftig geregnet, denn auf den Wiesen und Wegen stand das Wasser an manchen Stellen zentimeterhoch. Die Hufe des Pferdes hatten Mühe, in dem nassen Lehmboden der Landstraße Halt zu finden. Eugen drosselte das Tempo. Er wollte sich und sein Pferd nicht unnötig in Gefahr bringen, jetzt, da sie das Ziel fast erreicht hatten. Besorgt schaute er gen Himmel. Hoffentlich hielt das Wetter noch eine Weile. In der Ferne konnte er schon den wohlbekannten Kiefernwald erkennen. Er atmete auf. Jetzt war es nicht mehr weit bis zum heimatlichen Carlsruhe. Wohlbehalten erreichten sie den Waldrand. Der Waldboden war nicht so aufgeweicht und angenehmer für Pferd und Reiter. So konnten sie nochmals an Tempo zulegen. Dann hatten sie das Dorf erreicht. Durch die Allee, die gesäumt war von uralten Linden, die nur noch spärlich Blätter trugen, ritt der Herzog zügig Richtung Schloss. Hinter den knorrigen Ästen der Bäume blitzten immer wieder weißgekalkte Häuserwände hervor. Bald konnte er die beiden weißen Ecktürme und dann die große Kuppel auf dem Schlossdach erkennen. Eugen seufzte erleichtert: Endlich zu Hause. Auch seine Tirza zog es offensichtlich mit aller Macht in den heimatlichen Stall. Auf den letzten Metern war die Stute kaum noch zu bremsen.

„Anstrengend waren die vergangenen Wochen. Ich hätte nicht gedacht, dass dieses Manöver so viel Kraft kostet. Aber wir haben uns gut geschlagen, nicht wahr Tirza, braves Tier“, murmelte Eugen erschöpft und tätschelte seinem Pferd den Hals. Dann stieß er einen kurzen zweimaligen Pfiff aus und stieg vom Pferderücken. Ein junger Mann kam aus den Stallungen und grüßte:

„Willkommen zu Hause.“

„Danke Johann“, antwortete der Herzog „was für ein schreckliches Wetter. Es wird wohl gleich wieder zu regnen beginnen. Wie gut tut es da, endlich zu Hause zu sein. Dieses Herbstmanöver und der lange Ritt nach Hause haben uns alles abverlangt, nicht wahr Tirza. Reib sie gut trocken und gib ihr ordentlich Futter. Sie hat es verdient.“ Noch einmal tätschelte er seiner Stute den Hals und übergab dann dem Stallburschen die Zügel. Mit raschen Schritten ging er Richtung Schloss und stürmte die Außentreppe hinauf. Kaum hatte er die Eingangshalle betreten, wurde er bereits von seiner Mutter, Großherzogin Mathilde, liebevoll begrüßt.

„Wie schön, wieder zu Hause zu sein und so freundlich in Empfang genommen zu werden! Aber Vorsicht,

Mutter, meine Uniform ist voller Schmutz und Lehm, du verdirbst dir noch dein Kleid", lachte Eugen und löste sich aus der Umarmung. „Puh, jetzt brauche ich zuallererst ein heißes Bad und saubere Kleidung."

Zwei Stunden später, noch mit nassen Haaren, aber frisch gekleidet begrüßte er seine Eltern und erzählte von den vergangenen Monaten. Ein Diener tischte währenddessen schlesische Kartoffelknödel und Rouladen auf. Begeistert langte Eugen zu.

„So lecker wie hier in Schlesien schmeckt es einfach nirgends sonst auf der Welt."

Während des Essens berichtete er ausführlich von seinem Regiment in Ludwigsburg, dem Ulanenregiment König Karl, und dem Aufenthalt in der Garnison. Insbesondere die letzten Manöverwochen waren erlebnisreich gewesen. Mit Genugtuung registrierte er, wie stolz sein Vater auf ihn war und wie interessiert er dem Bericht zuhörte. Herzogin Mathilde und Herzog Eugen Erdmann staunten, lächelten und schüttelten manchmal ungläubig den Kopf über das Soldatenleben.

„Und nun, wie sehen deine Zukunftspläne aus, mein Sohn?" fragte der Vater schließlich, nachdem Eugen seinen anschaulichen Bericht beendet hatte.

„Ich werde mich wohl von meinem Regiment beurlauben lassen, um meine Studien in Tübingen zu beenden. Vetter Wilhelm lebt zur Zeit ebenfalls als Student in Tübingen. Er hat mir angeboten, bei ihm zu wohnen." Nachdenklich griff er nach seinem Cognacglas, das der Vater inzwischen gefüllt hatte „Aber einige Wochen Urlaub hier im Carlsruher Schloss, bevor das Studentenleben wieder anfängt, möchte ich mir schon gönnen. Es ist hier in Schlesien doch wunderschön, nicht wahr?" lachte Eugen und trank voller Genuss einen Schluck. „So einen guten Tropfen zum Beispiel bekommt man nur hier im heimatlichen Schloss." Herzogin Mathilde antwortete augenzwinkernd:

„Ich hoffe, du kommst nicht nur wegen unseres ehrwürdigen Weinbrands gerne heim nach Carlsruhe, mein Junge." Schnell beruhigte Eugen sie:

„Aber nein. Du weißt doch, wie sehr ich meine Heimat schätze." Dann hob er sein Glas: „Auf euch, vielen Dank für den liebevollen Empfang heute Abend."

Nach der gemeinsamen Mahlzeit bat Eugen, sich zurückziehen zu dürfen.

„Die letzten Tage haben doch ihren Tribut gefordert." Er verzog zuerst das Gesicht und griff sich dann schmunzelnd an den Rücken. „Es ist zwar nicht so schlimm wie bei dir mit deinen Rückenschmerzen, Vater, aber der lange Ritt war recht anstrengend. Ich spüre Muskeln, von denen ich noch nicht einmal wusste, dass ich sie besitze. Mir täte ein wenig Entspannung gut."

Herzogin Mathilde nickte verständnisvoll und streichelte liebevoll die Wange ihres Sohnes:

„Wir freuen uns sehr, Eugen, dass du wohlbehalten hier angekommen bist, aber wir möchten dich natürlich nicht allzu sehr beanspruchen an deinem ersten Abend hier."

„Danke, Mama. Ich werde noch einen Abendspaziergang ins Dorf machen und mich dann zurückziehen. Ich wünsche bereits jetzt eine angenehme Nachtruhe", er küsste seiner Mutter die Hand und nickte dem Vater zu. Dieser antwortete schmunzelnd:

„Dann wünsche ich dir bei deiner abendlichen Entspannung viel Vergnügen - wie immer sie auch aussehen mag." Eugen spürte, wie eine leichte Röte sein Gesicht überzog.

Mit einem kurzen „vielen Dank und gute Nacht" verabschiedete er sich.

Kurze Zeit später verließ der junge Herzog mit schnellen Schritten das Schloss Richtung Dorf. Inzwischen hatte starker Regen eingesetzt. Eugen zog seinen Hut tief ins Gesicht und schlug den Mantelkragen hoch. Noch einmal führte sein Weg die Allee entlang. Vor einem der schmucken weißgetünchten Häuser hielt er inne. Er ging durch den Vorgarten, in dem die letzten Astern am Verblühen waren und sich unter dem starken Regenschauer duckten. Kurz klopfte er an die Eingangstür, die gleich darauf von einem Dienstmädchen geöffnet wurde.

„Guten Abend, Lisette. Was für ein schreckliches Wetter habt ihr hier in Schlesien", grüßte der Herzog freundlich und übergab der Zofe seinen nassen Mantel und den tropfenden Hut.

„Guten Abend, Eure Hoheit. Die gnädige Frau erwartet Sie bereits oben im Salon." Knicksend nahm Lisette den Mantel ab.

„Danke, Lisette". Mit schnellen Schritten lief Eugen die Treppe hinauf und klopfte an eine der Türen.

Auf ein freundliches „Herein" öffnete er und betrat den Salon. Dieser war mit zierlichen Rokokomöbeln ausgestattet, deren Seidenbezüge im Schein der Leuchter hell glänzten. Ein Sofa mit demselben Muster wie die eleganten Stühle, die um einen Tisch standen, ergänzte die geschmackvolle Einrichtung. Das Feuer eines Kaminofens verbreitete gemütliche Wärme. Eine junge, vornehm gekleidete Frau hatte ihren Sessel ans Fenster gerückt und die letzten Strahlen der untergehenden Sonne genutzt, um genügend Helligkeit zum Lesen zu haben. Jetzt legte sie ihr Buch zur Seite. Eugen blieb höflich an der Tür stehen. Diesen Moment wollte er auskosten. Wie oft hatte er in den vergangenen Monaten diesen Augenblick herbeigesehnt und sich in den schönsten Farben ausgemalt, wie das Wiedersehen verlaufen würde. Es gab Zeiten, da meinte er, es vor Sehnsucht nicht mehr aushalten zu können. Eines Abends, als er sich so unsagbar einsam vorgekommen war, hatte er geglaubt, sich in den Armen einer anderen Frau über die Zeit der Trennung hinwegtrösten zu müssen. Doch dieses Techtelmechtel hatte in ihm nur einen schalen Nachgeschmack hinterlassen, der sein schmerzliches Verlangen noch steigerte. Nicht nur die körperliche Nähe, nein auch die teils lustigen, teils tiefsinnigen Gespräche hatte er in den letzten Monaten so unendlich vermisst. Eugens Herz klopfte bis zum Hals, als er seine Liebste betrachtete. Ihm wurde heiß, und er spürte, wie sich Schweiß auf seiner Stirn sammelte. Dass ihn dieses Wiedersehen so sehr aus der Fassung bringen würde, damit hatte er nicht gerechnet. Er hielt sich doch sonst immer für einen souveränen Offizier. Er atmete tief durch und versuchte sein inneres Gleichgewicht wiederzufinden. Sie war noch schöner, als er es in Erinnerung hatte. Ihr schmalgeschnittenes, entschlossenes Gesicht, das von braunen, ausdrucksvollen Augen beherrscht wurde, ließ ein wenig ahnen von dem Esprit und der Energie, die das Leben dieser Frau prägten. Die Lippen, die leicht nach oben gebogen waren und die

Eugen jetzt mit magischer Kraft anzuziehen schienen, zeigten, wie oft und wie gerne sie lachte. Jetzt war es mit seiner Beherrschung vorbei. Mit schnellen Schritten eilte er auf die Sitzecke zu, so dass er fast den Stuhl, der ihm im Weg stand, umgeworfen hätte..

„Eugen, wie schön, dass du endlich da bist! Immer noch voller Temperament und Energie. Das gefällt mir.“ Die Frau erhob sich lachend und begrüßte den jungen Mann, der gleich galant ihre Hand küsste

„Guten Abend, meine Liebe, Liebste, Geliebteste! Ach Etty, wie sehr hab' ich dich vermisst! Du bist in der Zeit unserer Trennung noch schöner geworden.“ Er küsste sie zuerst sanft auf die Wange und dann auf den Mund. Schließlich schob er sie eine Armlänge von sich und musterte er sie. Sie trug ein mit Bändern und Spitzen verziertes Kleid, dessen enggeschnittenes Oberteil und weiter Rock ihre ungewöhnlich schmale Taille betonte. Wieder ging er einen Schritt auf sie zu und nahm sie liebevoll in den Arm. „Ich bin so froh, wieder hier zu sein. Du siehst wunderbar aus, Etty. Ich habe fast vergessen, wie schön du bist.“ Eugen fuhr zärtlich durch ihre Haare, strich ihr über den Nacken und drückte sie fest an sich. Wie gut fühlte es sich an, sie endlich wieder in den Armen zu halten.

„Eugen, du nimmst mir den Atem. Lass mir ein bisschen Luft“, lachte Etty und versuchte sich ein wenig Platz zu verschaffen. „Auch ich konnte es kaum erwarten, dich zu sehen. Das Leben ist schrecklich einsam ohne dich.“ Eingehend betrachtete sie ihn zärtlich von oben bis unten. „Lass dich ansehen. Dieser Anblick hat mir all die vielen Monate so sehr gefehlt. Schmuck siehst du aus in deiner neuen Uniform." Sie strich ihm über die Schulterklappen. „Was für ein hübscher, eindrucksvoller Offizier du geworden bist."

Doch er wollte sich nicht mit Komplimenten abspeisen lassen. So lange hatte er auf seine Etty verzichten müssen.

„Glaub mir, ich hab' dir viel mehr zu bieten als eine beeindruckende Uniform", flüsterte er ihr ins Ohr. Zärtlich berührte er mit seinen Lippen ihre Stirn und die zierliche Nasenspitze, bis sie ihren Mund fanden. Nach einer Weile jedoch löste sie sich energisch von ihm.

„Berichte zuerst einmal. Ich will alles wissen. Wie ist es dir ergangen im fremden Schwaben? Erzähl und lass mich teilhaben an deinen Erlebnissen. Ich liebe es, deine Stimme zu hören. Ach, wie hab' ich dich vermisst." Ettys Stimme klang ungewöhnlich tief. Aufseufzend setzte sie sich auf das Sofa, Eugen tat es ihr gleich.

„Erzählen können wir später. Jetzt lass uns doch zuerst in der Gegenwart bleiben." Scheinbar spielerisch strich Eugen mit seinem Finger ihren Hals entlang und zupfte neckisch an ihrem Ausschnitt. Freudig registrierte er, wie sie seine zärtliche Berührung genoss. „Ja, das ist halt das Los einer Soldatenbraut", neckte er sie, „Abschied und dann wieder die Freude des Wiedersehens. Komm, heute wollen wir feiern."

Etty erhob sich, griff nach dem Klingelzug an der Tür und läutete. Mit bewunderndem Blick folgte er ihren grazilen Bewegungen. Bei jedem ihrer Schritte spürt man, dass sie Tänzerin ist, dachte er. Sie bewegt sich so leicht, als würde sie über den Boden schweben. Welche Grazie, welche Eleganz. Ich kenne keine, die ihr ebenbürtig ist. Man kann ihr nicht verdenken, dass sie bei ihrer ungewöhnlichen Begabung so viel Wert darauf legt, ihr Talent zum Beruf zu machen. Sie ist wirklich etwas ganz Besonderes. Etty schien seinen Blick zu spüren, doch seine Aufmerksamkeit machte sie nicht verlegen, im Gegenteil. Sie vollführte fröhlich eine schwungvolle Pirouette und landete dann in den Armen des überraschten Offiziers.

„Das hat man davon, wenn man mit einer Tänzerin befreundet ist", lachte sie. Fröhlich erhob sich Etty, als es an der Tür klopfte. Nach dem auffordernden „Herein" brachte das Dienstmädchen Gebäck und Champagner.

Eugen schenkte das prickelnde Getränk ein. Mit einem tiefen Blick in ihre strahlend blauen Augen übergab er ihr den Sektkelch mit den Worten:

„Das tut gut. Welche Freude ist dieses Wiedersehen!" Sie stießen an und genossen den ersten Schluck.

„Nun erzähl endlich, wie ist es dir in den vergangenen Monaten ergangen?" wandte sich Etty fragend an Eugen.

„Ach, was soll ich sagen, es war wie immer in der Garnison. Wir haben unsere Manöver absolviert, und jetzt bin ich froh, wieder zu Hause zu sein." Er nahm einen tiefen Schluck. Dann fuhr er fort: „Wobei, ganz ehrlich, ich mag das Soldatenleben, aber auf Dauer ist es etwas einseitig. Mit anderen Worten, du hast mir unendlich gefehlt. Aber jetzt zu dir. Wie geht es dir?"

„Weißt du, es ist hier in Carlsruhe schön und erholsam, insbesondere nach der vergangenen anstrengenden Saison, aber hier ist Provinz." Etty zeigte aus dem Fenster. „Es ist ein schönes Plätzchen, ich genieße die Natur sehr. Doch manchmal ist es einfach zu ruhig. Ich sehne mich oft nach dem prickelnden Leben in der Stadt." Unvermittelt sprang sie auf und machte ein paar Tanzschritte. „Du weißt, ich brauche den Tanzboden und ich kann ohne die Kunst nicht leben. Hier in der Provinz kann ich auf Dauer kaum atmen." Eugen zuckte zusammen. So sehr hatte er sich auf diesen Abend gefreut, Unstimmigkeiten wollte er heute keine dulden.

„Du bist nicht glücklich hier in Carlsruhe?" fragte er erschrocken. „Hier hast du doch alles, was du brauchst, ein schönes Haus, den Garten, hinter dir den Wald. Es gibt genug Freiheit für dich, dein Leben so zu gestalten, wie du es gerne möchtest. Sogar ein Engagement hier am Theater habe ich dir vermittelt."

„Das Theater in Carlsruhe kann sich niemals mit den großen Häusern in Dresden und Berlin messen. Das muss dir doch klar sein." Ettys Ton wurde jetzt schärfer. Er versuchte, sie zu beschwichtigen.

„Aber, meine Liebe, wenn dir etwas fehlt, brauchst du es mir nur zu sagen."

Sie schüttete unwillig den Kopf, so dass ihre Locken flogen.

„Ich bin kein Vogel, den man in einen goldenen Käfig sperren kann. Ich will mehr als gutes Essen, ein schönes Haus und ein wenig Unterhaltung."

Jetzt wurde Eugen allmählich ärgerlich. Er hatte alles Menschenmögliche getan, um seine Liebste glücklich zu machen. Er hatte sich wirklich viel Mühe gegeben, alle ihre Wünsche zu erfüllen. Wie konnte sie so undankbar sein? Sie verdarb mit ihren hochfliegenden Ideen und ihrer Unzufriedenheit womöglich dieses Wiedersehen, auf das er so lange hingelebt hatte. Er holte tief Luft, dann schluckte er seinen Ärger hinunter. Nein, heute sollten keine Misstöne den Abend stören. Zärtlich strich er über ihren Nasenrücken und legte seinen Arm um sie. Dann flüsterte er mit heiserer Stimme in ihr Ohr:

„Ich wünsche mir so sehr, dass es dir gut geht. Du brauchst mir wirklich nur zu sagen, was dir zu deinem Glück noch fehlt. Du weißt, ich würde alles für dich tun.“ Er suchte mit seinen Lippen ihren Mund, doch sie drehte den Kopf zur Seite.

„Glück, was ist schon Glück? Ich habe hier viel Schönes erlebt, ganz sicher. Aber Glück lässt sich nun mal nicht festhalten, sonst platzt es wie eine Seifenblase. Glück braucht Freiheit“. Etty machte mit ihren Armen eine ausladende Kreisbewegung. „Man muss ihm die Chance geben, sich immer wieder zu verändern. Sonst wird es zur Gewohnheit. Irgendwann kommt die Zeit, weiterzugehen.“ Scheinbar spielerisch berührte sie seine Lippen. „Ich muss mich entfalten können und neue Wege einschlagen.“ Mit einem Zug trank Etty ihr Champagnerglas leer. Dann griff sie nach der Flasche und schenkte sich nochmals ein. Ihr ernster Gesichtsausdruck machte einem Lächeln Platz. Sie schaute Eugen tief in die Augen. „Aber du hast ja recht. Lass uns ein anderes Mal darüber reden. Jetzt ist nicht der Tag für schwere Gedanken. Heute wollen wir feiern. Salut!“ Sie hob ihr Glas und prostete Eugen zu. Er atmete auf. Mit einem Mal waren die Unstimmigkeiten zwischen ihnen wie weggeblasen. Sie spürten wieder die fröhliche Unbeschwertheit, die sie schon immer verbunden hatte. Er stieß mit ihr an.

„So ist es gut. Genießen wir die Gegenwart, die Zukunft kommt früh genug! Salut auf einen wunderschönen gemeinsamen Abend! Salut auf unser Wiedersehen." Liebevoll nahm er sie in den Arm. Eugen fühlte, wie ein Schauer durch Ettys Körper fuhr. Wie gut er sie kannte! Er meinte, jede ihrer Gefühlsregungen selbst mitzuerleben. Jetzt hatten sie genug geplaudert. Er wollte nicht nur reden, sondern sie auch spüren. Er stellte das Sektglas zur Seite. Zärtlich strich er über ihr Dekolleté und fühlte ihr Herz ebenso aufgeregt und unruhig schlagen wie das seinige. Der Gleichklang ihrer Gefühle erschütterte ihn bis ins Mark. Sanft legte er seine Hand auf ihren Rücken und führte sie wortlos ins Nebenzimmer.

„Du hast recht, Liebste", murmelte er und atmete tief den Duft ihres herben Parfüms ein. „Heute wollen wir unser Wiedersehen genießen, in allen Facetten, die das Leben uns bietet."

Stuttgart 1872

Mensch
Du bist geschaffen
Nach dem Bild eines Gottes
Der Liebe ist.
Mit Händen, um zu geben,
mit einem Herzen
um zu lieben,
und mit zwei Armen –
die gerade so lang
einen anderen zu umarmen.
(Phil Bosmans)

Wera schaute nachdenklich aus einem der unzähligen Fenster des Stuttgarter Schlosses. Ihr Blick wanderte vom Schlosshof weiter zu den großen Brunnen im Schlossgarten. Es schien, als wäre heute ganz Stuttgart aus dem Winterschlaf erwacht. Die Sonnenstrahlen brachen sich in den Fontänen der beiden Brunnen im Schlosshof, so dass auf der einen Seite sogar ein Regenbogen entstand. An den Linden zeigten sich schon die ersten zarten Blätter, und das Gras leuchtete in hellem Grün. Viele Stuttgarter nutzten die ersten Frühlingssonnenstrahlen für einen Sonntagsspaziergang im Schlossgarten. In der Ferne erkannte Wera zwei Kutschen und einige Reiter. Wera seufzte. Wie gerne hätte sie diesen Frühlingssonntag auch zu einem Ausritt im Rosensteinpark genutzt, aber Tante Olly wollte etwas Dringendes mit ihr bereden. So stand sie nun am Fenster im Salon und wartete. Vielleicht konnte sie später noch ein wenig mit den Hunden im Garten herumtollen. Sie sehnte sich so sehr nach Bewegung und frischer Luft an diesem ersten sonnigen Frühlingstag dieses Jahres. Tante Olly trat ein, und sofort servierte eines der Mädchen Tee und noch warmes Gebäck. Wera setzte sich, griff nach ihrer Teetasse, trank einen Schluck und schaute dann ihre Tante gespannt an. Nach einer kurzen Pause räusperte sich diese:

„Wera, meine Liebe, ich habe etwas ausgesprochen Wichtiges zu bereden. Es geht um deine Zukunft." Wera schaute Tante Olly überrascht an. Das hörte sich nach einem längeren Gespräch an. Sie lehnte sich erwartungsvoll zurück. Die Tante fuhr fort: „Du bist ja jetzt in einem Alter, in dem wichtige Entscheidungen anstehen. Nun, dein Onkel und ich haben uns bereits Gedanken gemacht. Wir glauben, es ist an der Zeit, an eine Heirat zu denken."

„Eine Heirat", wiederholte Wera langsam und betonte das Wort, als handle es sich um eine ansteckende Krankheit. „Daran habe ich bisher noch gar nicht gedacht." Natürlich, wenn sie es sich recht überlegte, war sie mit ihren 19 Jahren gewiss im heiratsfähigen Alter. Doch die letzten Jahre waren so turbulent gewesen, dass ihr der Gedanke an eine Hochzeit völlig abwegig erschien. Bisher hatte sie es für ihr bestgehütetes Geheimnis gehalten, dass so mancher junge Mann in ihrem Bekanntenkreis ihr Herz höher schlagen ließ. Mit niemandem, nicht einmal mit ihrer besten Freundin Sophie, hatte sie über das prickelnde Gefühl in ihrem Bauch gesprochen, das sie beim letzten Frühjahrsball während des Eingangswalzers verspürt hatte. Wie sehr hatte sie es genossen, in den Armen des jungen Grafen von Fichten über das Parkett zu schweben! Richtig heiß war ihr geworden – und diese Wärme kam nicht nur von den ungewohnt schnellen Drehungen, die sie vollführten. Viel zu schnell war der Walzer vorübergegangen. Dieses schöne Gefühl wollte sie für sich behalten und mit niemandem teilen. Wera spürte, wie sie errötete in Gedanken an jenen aufregenden Abend.

Königin Olga unterbrach unsanft Weras schöne Erinnerungen.

„Ich sehe schon, du bist überrascht. Aber deswegen brauchst du dich nicht so aufzuregen. Dein Gesicht ist ja ganz heiß geworden." Wera zuckte zusammen. Ihr Herz klopfte schneller. Tante Olly konnte doch nicht ihre Gedanken erraten haben oder? Wusste sie etwa von ihrer Schwärmerei für den jungen Grafen?

„Dein Onkel und ich haben uns in den letzten Tagen mehrmals beraten. Jetzt, da du offiziell zum württembergischen Königshaus gehörst, liegt diese weitreichende Entscheidung auch in unserer Hand."

„Aber Tantchen, ich darf wohl noch ein Wörtchen mitreden oder? Schließlich geht es ja um meine Zukunft." Wera versuchte vergeblich einen heiteren Ton anzuschlagen.

„Selbstverständlich, meine Liebe. Aber in einer solch wichtigen Entscheidung muss gut abgewogen werden. Du weißt ja selbst, in deiner Stellung ist es nicht nur Privatsache, wen du ehelichst, sondern es hat auch Auswirkungen auf das ganze Königreich." Jetzt wurde Wera etwas unwohl.

„Was willst du damit sagen? Habt ihr etwa bereits beschlossen, wer mein zukünftiger Ehemann werden soll?"

„Selbstverständlich nicht, Kind. Niemals werde ich über deinen Kopf hinweg eine solche Entscheidung fällen.“ Wera atmete erleichtert auf. Schon fuhr Tante Olly fort: „Aber dein Onkel und ich haben natürlich bereits die Fühler ausgestreckt. Es gibt einige junge Männer, die für dich als Heiratskandidaten in Frage kommen.“

„An wen habt ihr denn so gedacht?“ fragte Wera mit gepresster Stimme. Die Anspannung drückte ihr fast den Hals zu. Diese Unterredung nahm ja eine unerwartet aufregende Wendung. Auf gar keinen Fall wollte sie sich aus rein staatspolitischer Räson mit irgendeinem völlig unbekannten Mann verkuppeln lassen. Nervös stand Wera auf und ging hin und her.

„Nun, immer mit der Ruhe, Wera. Diese Entscheidung wird auf gar keinen Fall gegen deinen Willen gefällt werden.“

„Versprichst du mir das, Tante?“

„Selbstverständlich. Jetzt hör dir einfach einmal an, was Onkel Karl und ich uns so gedacht haben. Vertrau uns, es wird nur zu deinem Besten sein.“ Wera biss ein Stück von ihrem Kuchen ab und schaute ihre Tante abwartend an. „Also, nach einigem Abwägen und vielen Überlegungen in unterschiedliche Richtungen haben wir bereits eine Vorauswahl getroffen.“ Wera blieb der Bissen im Hals stecken. Sie verschluckte sich und musste husten. Fürsorglich tätschelte Tante Olly ihren Rücken. „Bitte, Wera, reg dich nicht auf. Contenance, meine Liebe.“ Wera schnappte nach Luft und rang nach Worten.

„An wen habt ihr denn gedacht? Offensichtlich sind eure Planungen doch schon sehr konkret.“

„Nun ja“, räusperte sich Tante Olly, „uns erscheint, Herzog Wilhelm Eugen eine gute, angemessene Partie zu sein.“ Wera seufzte tief und schluckte

„Herzog Wilhelm Eugen, der Schlesier“, antwortete sie gedehnt, „aber er ist viel älter als ich.“

„Er ist gerade mal acht Jahre älter als du. Er ist dir ja nicht fremd. Du hast dich doch früher ganz gut mit ihm unterhalten.“

„Nun ja, ein netter Kerl ist er“, antwortete Wera langsam. „Wie gut erinnere ich mich an unser erstes Zusammentreffen kurz nach meiner Ankunft hier in Stuttgart. Was war ich doch für ein freches, vorlautes Ding damals. Dass du mich überhaupt ertragen konntest, so ungezogen wie ich war.“ Tante Olly schaute Wera liebevoll an.

„Ja, die erste Zeit mit dir war schon schwierig, aber ich habe es nie bereut, dass ich dich hierher nach Stuttgart geholt habe. Du bist mir inzwischen so sehr ans Herz gewachsen, ja du bist wirklich ein Teil von mir geworden. Ich möchte dich nie wieder missen. Aber nun zu Eugen, wie er im Familienkreis der Einfachheit halber genannt wird.“

„Ach ja, der Eugen. Habe ihn schon seit einiger Zeit nicht mehr getroffen.“ Wera schaute nachdenklich aus dem Fenster. „Ich erinnere mich noch an so manchen Streich, den wir einst miteinander ausgeheckt haben bei seinen Besuchen in Stuttgart. Aber das ist lange her. In den letzten Jahren haben wir uns aus den Augen verloren.“

„Er ist zu einem beeindruckenden Mann gereift. Seine große Reise und sein Kriegseinsatz haben ihn sicherlich geprägt. Im Regiment in Ludwigsburg spricht man von ihm mit großer Hochachtung.“

„Von seiner Amerikareise habe ich wohl gehört und auch von seinem beeindruckenden Engagement im deutsch-französischen Krieg. Er soll ja sehr attraktiv und charmant sein und bei der Damenwelt ungemein beliebt." Wera setzte sich wieder und schaute die Tante fragend an. „Ihn habt ihr als Heiratskandidaten für mich ausgewählt?"

„Noch ist natürlich nichts entschieden. Die letzte Entscheidung liegt, wie gesagt, selbstverständlich bei dir. Wir werden dir nichts und niemanden aufzwingen. Doch dein Onkel und ich denken, es spricht einiges für Eugen", beschwichtigte Tante Olly und fuhr Wera beruhigend über den Arm.

„Aber warum gerade Herzog Wilhelm Eugen aus Schlesien?" Wera schüttelte den Kopf. „Ich begreife nicht, wie ihr gerade auf ihn kommt."

„Er ist sehr gut aussehend und strebsam. Vor ihm liegt eine glänzende Karriere. Wie du ja weißt, hat er sich bereits als Rittmeister im deutsch-französischen Krieg tapfer bewährt. Ich würde ihn sehr gern als deinen Ehemann sehen. Außerdem böte diese Heirat dir die Möglichkeit, weiterhin hier in Stuttgart, in meiner Nähe, zu leben. Du weißt, ich würde dich nur ungern in die Fremde ziehen lassen." Wera nickte zustimmend, während sie nachdenklich ihren Kuchen auf dem Teller zerkrümelte.

„Natürlich ist das auch meinWunsch. Ich liebe Stuttgart."

„Noch etwas spricht für Eugen", fuhr Königin Olga fort. „Er ist nach seinem Vetter Wilhelm der zweite in der Thronfolge auf dem württembergischen Königsthron. Nachdem Willy offensichtlich zur Zeit wenig

Ambitionen hat zu heiraten, würde diese Hochzeit die Erbfolge auf den württembergischen Königsthron regeln. Euer Sohn würde, so Gott will, Anspruch auf den Thron haben." Gerührt ergriff Olga Weras Hand. „Ach Wera, es wäre mir eine große Freude, wenn durch dich die Thronfolge fortgeführt würde."

Wera schaute ihre Tante nachdenklich und auch ein wenig traurig an.

„Ich hatte in den letzten Jahren zwar wenig Kontakt mit Eugen, aber ich weiß, was man so über ihn erzählt. Er liebt schöne Frauen. Man munkelt ja von einer Liaison mit einer Tänzerin."

Tante Olly machte eine verächtliche Handbewegung.

„Du kennst doch die Klatschsucht bei Hofe."

„Ganz ehrlich, Tante Olly, mir ist das Getuschel über mein Aussehen und meine Figur nicht verborgen geblieben. Du bist eine wunderschöne Frau. Im Gegensatz zu dir bin ich ein hässliches, unansehnliches Mädchen. Offen gesagt, Tante Olly, ich passe nicht in das Schönheitsideal dieser jungen Offiziere. Wer will schon eine so unattraktive Frau wie mich?" Tränen funkelten in Weras Augen.

Erschrocken, ja fast schon zornig antwortete Tante Olly.

„Liebste Wera, du bist eine Romanow, Nichte des Zaren, Adoptivtochter des württembergischen Königs. Wie kannst du so abfällig über dich reden. Niemals darfst du so etwas auch nur denken. Deine familiären Verbindungen, dein unermesslicher Reichtum, deine vielseitigen Begabungen, deine Willensstärke, deine vorzügliche Erziehung und Bildung – all das zeichnet dich aus und ist weit mehr wert als vergängliche Schönheit."

Erregt erhob sie ihren Zeigefinger. „Vergiss das nie, mein Kind. Du bist eine exzellente Partie!“

Wera blickte die Tante erstaunt an. So viel Lob hörte sie selten aus ihrem Mund. Wie gut taten diese anerkennenden Worte. Sie waren wie Balsam für ihre Seele. Zwar waren die Verletzungen ihrer Kindheit inzwischen vernarbt, und Wera hatte gelernt, mit ihrer Vergangenheit umzugehen – ja sie zu akzeptieren. Aber manchmal schmerzten diese Narben doch. Wie sehr sehnte sie sich immer wieder nach Anerkennung und Liebe. Sie wollte die Tante auf gar keinen Fall enttäuschen. Zögernd meinte sie:

„Ja, Tante, wenn du das so siehst, versuch dein Glück mit dem schönen Eugen. Du hast ja schon viel Erfahrung im Ehe stiften gesammelt. Ich weiß wohl, dass so manche Hochzeit im Hause Romanow auf deine heimlichen Interventionen zurückzuführen ist. Wir werden ja sehen, wie die Antwort aus Schlesien ausfällt. Außerdem, wie pflegen die Menschen hier in Schwaben zu sagen: Schönheit vergeht, Reichtum besteht.“ Tante Olly strahlte.

„Du bist also damit einverstanden, dass ich mich mit den Schlesiern in Verbindung setze?“

Wera nickte zögernd, war sie doch vom Plan ihrer Tante noch nicht recht überzeugt. Aber wenn Tante Olly sie schon auf dem adligen Heiratsmarkt positionieren wollte, würde sie das mit Humor ertragen, nahm sie sich vor, denn Humor ist ja schließlich, wenn man trotzdem lacht. Tante Olly würde schon sehen, was bei diesen Verhandlungen herauskommen würde.

Nachdenklich spazierte Wera eine Stunde später durch den Stuttgarter Rosensteinpark. Ihr weißer Mops begleitete sie. Immer wieder bückte sie sich, suchte einen kleinen Stock und warf ihn einige Meter voraus. Bellend rannte der kleine Hund los und brachte das Stück Holz wieder zurück. Ihm machte das Spiel offensichtlich Spaß, während es Wera die Gelegenheit gab, ihre aufgewühlten Gedanken zu sortieren. Der Vorschlag der Tante war für sie völlig unerwartet gekommen. Sie fühlte sich etwas überrumpelt.

Hatte sie zu schnell ihre Zustimmung gegeben? Andererseits, die Möglichkeit, weiterhin hier in Stuttgart in der Nähe von Tante Olly und Onkel Karl leben zu können war schon sehr verlockend. Womöglich würde sie auf diese Weise gar die Mutter des zukünftigen Königs hier – ein Gedanke, der bisher für sie überhaupt nicht zur Debatte gestanden hatte. Sie war ja als Frau und auch als Adoptivtochter gar nicht erbberechtigt auf den Stuttgarter Thron. Aber Tante Olly war eine Diplomatin, die weit vorausdachte, das hatte Wera schon öfter erlebt. Manchmal, leider nicht immer, waren die Pläne der Tante auf erstaunliche Weise aufgegangen. Egal, träumen konnte sie ja auf jeden Fall einmal von einem Leben als Königsmutter. Wie würde die Sankt Petersburger Verwandtschaft staunen, wenn sie, die abgeschobene, verlorene Tochter zu solch hohen Ehren kommen würde. Nicht auszudenken wäre das. Aber so etwas lag ja noch in ferner Zukunft. Jetzt stand erst einmal die Entscheidung über ihre Heirat an. Ein wenig bangte ihr vor der Antwort von Herzog Eugen. Dann rief sie sich zur Vernunft. Was immer die Zukunft bringen würde, sie wollte ihr persönliches Glück in Gottes Hände legen, so wie es ihr Pfarrer Christlieb, ihr Lehrer, geraten hatte. Gott hatte bisher ihr Leben gut geführt. Auf ihn wollte sie auch weiterhin vertrauen. Wera fröstelte. Die letzten Sonnenstrahlen verschwanden bereits hinter den Bäumen. Ein leichter Abendwind kam auf und ließ die Luft schnell abkühlen. Nachdenklich betrachtete sie das Stöckchen in ihrer Hand. Jetzt hatte sie doch glatt ihren Mops vergessen. Wo er sich wohl herumtrieb? Sie stieß einen gellenden Pfiff aus. Mit fliegenden Ohren kam der Hund um die Ecke gesaust, stoppte kurz vor Wera und schaute sie schuldbewusst an. Er hatte wohl etwas Interessanteres zur Unterhaltung gefunden als die Stöckchen seiner Herrin. Wera schüttelte missbilligend den Kopf, als sie sein schmutziges Fell sah, das vor einer Stunde noch so schön weiß ausgesehen hatte. Dann lachte sie.

„Na komm, mein Süßer, da ist wohl ein Bad fällig. Du Armer kannst ja nichts dafür, wenn deine Herrin vor lauter eigenen Probleme ihren Hund vergisst." Gemeinsam machten sie sich auf den Weg zurück zum Schloss.

Tübingen 1873

Lasst uns,
Weil wir jung noch sind
Uns des Lebens freuen.
Denn wir kommen doch geschwind
Wie ein Pfeil durch Luft und Wind
Zu den Todten Reihen.

Gaudeamus igitur
Iuvenes du sumus
Post iucundam iuventutem
Post molestam senectutem
Nos habebet sumus
(Christian Wilhelm Kindleben)

Nachdenklich schaute Herzog Wilhelm Eugen aus dem Fenster seiner ehemaligen Tübinger Studentenbude hinunter auf den Neckar. Gemeinsam mit seinem Vetter Wilhelm wollte er seinem früheren Quartier in Tübingen noch einmal einen Besuch abstatten. Das Wetter war trübe. Wie so oft lagen dicke Nebelschwaden über dem Fluss. Aber in Tübingen schien selten die Sonne, das hatte er während seiner Studentenzeit allzu oft erfahren. Doch das trübe Wetter hatte sie als Studenten nie daran gehindert, das Leben zu feiern gemäß dem alten Studentenlied „Gaudeamus igitur". In der Ferne sah Eugen die Neckarflößer, die ihr Holz mühsam vom Schwarzwald über den Neckar bis nach Holland transportierten. Schmunzelnd drehte er sich seinem Vetter Wilhelm zu, der hinter ihm stand.

„Vor einigen Jahren hätten wir jetzt das Fenster aufgerissen und uns mit dem Flößern ein verbales Duell geliefert." Wilhelm stimmte ihm lachend zu.

„Ja, das war schon ein Spaß. Vor allem, wenn du auch noch deine alten Zeitungen, Bücher und unbrauchbaren Stifte Richtung Neckarflößer geworfen hast. Manchmal haben sie sich ganz schön über uns geärgert, denn du konntest gut zielen."

„Wir Studenten und die Jokele, die Flößer, hatten eine ganz besondere Beziehung. Nun ja, was sich liebt, das neckt sich."

Eugen. seufzte.

„Es war eine schöne Zeit, unsere Studentenzeit, was Willy?"

„Unbeschwert war es. Wir konnten das Leben so richtig genießen. Ich freue mich sehr, dass wir uns hier in Tübingen wieder einmal treffen und in Erinnerungen schwelgen können. Und doch ... es ist nicht mehr so wie früher."

„Tja, die Studentenzeit ist vorbei, und wir sind ernster und auch etwas erwachsener geworden."

„Komm, lass uns den Neckar entlanggehen, so wie einst – ich würde gerne noch einmal von früheren Zeiten träumen..." Eugens Lachen klang ein wenig gezwungen.

„Das ist eine gute Idee, Eugen. Und dann trinken wir noch mal so wie als Studenten einen Humpen Bier."

„Oder auch mehrere", fügte Eugen hinzu.

„Oder lieber doch einen guten Tübinger Wein, der schmeckt mir zwischenzeitlich fast besser", ergänzte Wilhelm. Gemeinsam machten sie sich auf den Weg Richtung Neckar. Schweigend marschierten sie das Flussufer entlang und hingen ihren Gedanken und den vergangenen Zeiten nach. Es ist doch etwas anderes, jetzt als Offizier nochmals die Universitätsstadt zu besuchen, dachte Eugen. Schade, die unbeschwerten Zeiten lassen sich nicht so einfach wieder heraufbeschwören.

„Erzähl, wie ist es dir so ergangen die letzten Monate?" unterbrach Eugen als erster das Schweigen.

„Nun ja, es waren wahrscheinlich ähnliche Erfahrungen wie bei dir. Es wird in der Garnison in Potsdam nicht anders sein als in Ludwigsburg, oder?"

„Aber Willy, begeistert klingst du ja nicht gerade. Das Soldatenleben ist doch ganz lustig. Mir macht es jedenfalls Spaß."

„Als zukünftiger König von Württemberg habe ich wohl keine andere Wahl, als diesen Weg einzuschlagen." Eugen erschrak, als er die resignierte Stimme seines Vetters vernahm. „Aber seit jenem furchtbaren Erlebnis in Tauberbischofsheim 1866, als der Offizier neben mir von einer tödlichen Kugel getroffen wurde, kann ich dem Kriegspielen nichts mehr abgewinnen", fuhr Wilhelm fort.

„Der Krieg hat natürlich seine unschönen Seiten", nickte Eugen zustimmend. „Doch das Leben in der Garnison begeistert mich immer wieder. Ich freu mich darauf, wenn ich demnächst wieder nach Ludwigsburg gehen darf." Neugierig fuhr Eugen fort: „Und wie läuft's mit dem württembergischen König? Bereitet er dich schon auf das zukünftige Amt vor? Wie geht's dir denn so als Thronfolger?"

„Nun, wie gesagt, ich bin jetzt bei den Preußen. Man macht seine ganz besonderen Erfahrungen dort." Wilhelm hielt inne und schaute Eugen an. „Bei den Waffenstillstandsverhandlungen 1871 ereignete sich eine wirklich merkwürdige Geschichte. Am zweiten Tag war der französische General so stockbesoffen, dass man nicht mehr weiterverhandeln konnte, er konnte nicht mal mehr allein gehen, stell dir vor. Als ihm bei Bismarck das Frühstück gereicht wurde, griff er als Erstes zum Wasserglas, füllte es mit Cognac und trank es sofort leer."

Eugen verschluckte sich fast vor Lachen.

„Na, die Herren treiben es ja schlimmer als wir in unseren besten Zeiten als Studenten." Doch Wilhelm antwortete ernst.

„So lustig ist das gar nicht. Die Verhandlungen dauerten dadurch umso länger. Es ist einfach unverantwortlich, wenn man bedenkt, wie viele Soldaten wegen dieser Verzögerung durch diesen dummen Zwischenfall ihr Leben lassen mussten."

„Nun ja, wenn du es von dieser Seite aus siehst, hast du ganz sicher recht", antwortete Eugen.

Schweigend gingen die beiden Freunde weiter. Schließlich wandte sich Wilhelm an Eugen.

„Und was gibt's bei dir so Neues? Man hört ja so einiges. Dir scheint es ganz gut zu gehen. Du siehst, dein Ruf eilt dir voraus, Vetter."

„Wie man's nimmt." Eugen bückte sich nach einem Kieselstein und warf ihn in den Neckar. Nach einiger Zeit redete er weiter. „Ehrlich gesagt, ich weiß nicht so recht, wie es bei mir weitergehen soll. Das lockere Leben wird wohl auf jeden Fall bald endgültig zu Ende gehen. Nun ja, nach den Kriegserlebnissen sind wir ja doch erwachsener geworden, nicht wahr, Willy? Irgendwie passt dieses Studentendasein nicht mehr so richtig zu uns."

Wilhelm schaute Eugen erstaunt an.

„So ernste, nachdenkliche Töne ist man von dir gar nicht gewohnt. Du bist doch sonst eher ein Freund von Lebenslust und Ausgelassenheit. Was ist mit dir los? Wie sehen deine Zukunftspläne aus?"

„König Karl und Königin Olga möchten ihre Russenprinzessin unter die Haube bringen. Es sieht so aus, als wäre ich, wider Erwarten zugegebenermaßen, ein aussichtsreicher Heiratskandidat. Sie haben mich als Schwiegersohn ausgewählt." Wilhelm lachte.

„Du, der schöne Herzog und die hässliche, ungezogene Wera ... das kann ich mir beim besten Willen nicht vorstellen!"

Der Hohn Wilhelms traf Eugen unerwartet hart. Ärgerlich schaute er seinen ehemaligen Mitbewohner an.

„Spotte nicht. Wera ist ein nettes Mädchen. Ich kenne sie noch von früheren Zeiten. Einst haben wir im Stuttgarter Schloss so manchen Streich gemeinsam ausgeheckt."

„Aber das ist schon lange her", wandte Wilhelm ein.

„Wie dem auch sei, diese Verbindung ist gar nicht so schlecht. Es gibt schlimmere Optionen. Immerhin ist sie eine ausgesprochen gute Partie. Als Zarenenkelin ist sie reicher als jeder Württemberger." Wieder warf Eugen einen Kieselstein in den Fluss und betrachtete nachdenklich die Kreise, die sich im Wasser bildeten. „Mit den Russen haben die Stuttgarter schon öfter keine schlechte Partie gemacht. Denk nur an Königin Katharina oder zurzeit Königin Olga. Sie unterstützt unzählige wohltätige Einrichtungen. In Württemberg würde es ohne die Verbindung nach Sankt Petersburg wahrlich schlechter aussehen. Überlegenswert ist dieses Angebot allemal."

„Sachte, sachte, mein Lieber. So etwas will gut durchdacht sein. Du weißt ja, Geld ist nicht alles auf der Welt“, Wilhelm konnte sein Erstaunen über die Worte Eugens nur schlecht verbergen.

„Da hast du wohl recht, Vetter. Geld ist nicht alles, aber ohne Geld ist alles nichts. Ich fühle mich durch die Anfrage des württembergischen Königshauses auf jeden Fall geehrt und werde nicht unbedacht ablehnen“, antwortete Eugen, und für einen Moment blitzte der Schalk in seinen Augen auf. Jetzt merkten sie, dass sie direkt vor ihrer ehemaligen Stammkneipe standen.

„Komm lass uns hier einkehren wie in alten Zeiten. Ein Schoppen Wein tut uns ganz gut“, schlug Wilhelm vor. Sie traten ein, suchten sich eine gemütliche Ecke und bestellten Wein. Hastig stürzten sie den ersten Schluck hinunter.

„Ach, das schmeckt und vertreibt schwere Gedanken. Herr Wirt, bring Er uns gleich noch mal dasselbe. Wir haben Durst“, rief Wilhelm. In einvernehmlichem Schweigen genossen sie die nächsten Becher. Eugen griff nach dem Weinkrug und schenkte noch mal ein.

„Willy, das Leben war in den letzten Tagen anstrengend genug. Lass uns anstoßen auf die Zukunft.“ Wilhelm lachte.

„Du hast ja so recht. Wie sagte doch schon Martin Luther: Der Wein und die Weiber bringen manchen Jammer und machen viele zu Narren. Wollen wir deshalb den Wein wegschütten und die Frauen umbringen?“

„Er war ein kluger Mann, unser Reformator. Prost Willy!“

„Auf die Zukunft, was immer sie auch bringen mag", antwortete Wilhelm. „Es geht doch nichts über einen guten Württemberger Wein".

Allmählich löste sich ihre anfänglich so ernste Stimmung.

„Prosit, Willy, jetzt ist es wieder fast wie in den alten Zeiten. Wie schön, dass wir das noch mal erleben dürfen! Wer weiß, wann wir das nächste Mal so unbeschwert zusammen sein können", prostete Eugen Willy zu.

„Mann, du redest fast, als drohe dir das Zuchthaus." Eugen antwortete nicht und wiegte nur bedenklich mit dem Kopf.

Zu später Stunde, fröhlich singend, machten sie sich ein letztes Mal auf den Weg zu ihrer ehemaligen Studentenbude.

Als Eugen am folgenden Morgen zum Frühstück erschien, saß Wilhelm bereits gemütlich bei seiner Tasse Kaffee.

„Guten Morgen, du bist schon auf?" brummte Eugen und fasste sich an den Kopf. „Mir hat der gestrige Abend doch etwas zugesetzt."

„Du hast dem Wein auch gut zugesprochen. Komm setz dich. Der Kaffee schmeckt hier immer noch so ausgezeichnet wie früher. Du wirst sehen, er tut dir gut."

Nach der ersten Tasse Kaffee fühlte sich Eugen besser.

„Du hast recht. So langsam wird das Hämmern in meinem Kopf erträglicher." Schweigend genossen sie ihr Frühstück. Eugen merkte nach einer Weile, dass sein Gegenüber etwas auf dem Herzen hatte.

„Na Willy, irgendwo drückt dich doch der Schuh, ich merke es genau. Heraus mit der Sprache, was willst du wissen? Frag nur."

„Nun ja, Eugen", offensichtlich fiel es Wilhelm nicht leicht, an das gestrige Gespräch anzuknüpfen. „ Ich wollte gestern nicht allzu neugierig sein, als du von der Anfrage der Stuttgarter erzähltest, aber ich dachte immer, du hättest in Schlesien dein Herz verloren, an die schöne Etelka?"

„Ach Willy, müssen wir heute Morgen ein solch ernsthaftes Gespräch führen?" murmelte Eugen. „Lass uns doch zuerst gemütlich frühstücken."

Nachdem sie ihre Brezeln gegessen hatten, begann Wilhelm erneut:

„Also, was ist los mit deiner Etty? Nächtelang musste ich mir einst deine begeisterten Schwärmereien anhören. Ich konnte deine Liebesschwüre bald nicht mehr hören, und jetzt willst du deine große Liebe aufgeben für einen 19-jährigen störrischen Backfisch? Ganz ehrlich, mein Freund, ich verstehe dich nicht. Ich mache mir ernsthaft Sorgen."

Eugen fühlte, wie eine leichte Röte sein Gesicht überzog.

„Nun ja, um ganz ehrlich zu sein, zwischen Etty und mir lief es in letzter Zeit nicht mehr so gut. Genauer gesagt, letzte Woche wurde mir ein Brief überbracht, in dem sie mir mitteilte, sie wolle unsere Beziehung endgültig beenden. Nach dem Herbstmanöver im letzten Jahr hatten wir noch eine schöne gemeinsame Zeit in Carlsruhe, aber dann ... ihre größte Liebe ist und bleibt das Tanzen." Eugen schaute Wilhelm bedrückt an: „Mit dieser Liebe kann kein Mann konkurrieren bei Etty. Das wurde mir schmerzlich bewusst. Zudem bliebe als Bürgerliche für sie nur eine morganatische Ehe mit mir." Eugen schüttelte den Kopf und schaute auf das gegenüberliegende Neckarufer, wo einige Studenten fröhlich winkend vorüberritten. „Aber dies würde ihren Stolz zu sehr verletzen. Immer im Hintergrund zu leben, entspricht ihr nicht. Eine Beziehung ohne Legitimation würde uns beide auf Dauer auch nicht glücklich machen. Sie hat ja recht mit ihrer Trennung – auf lange Sicht ist dies sicher die beste Lösung.".

„Das heißt, die schönen Nächte mit der bezaubernden Etty gehören der Vergangenheit an?" fragte Wilhelm teilnahmsvoll. Eugen nickte trübe.

„Leider." Vorsichtig korrigierte Willy nun seine unschönen Worte über Wera, die er gestern geäußert hatte.

„Nun, dann kommt das Angebot von Stuttgart ja gerade zum rechten Zeitpunkt. Wie man hört, soll sich Wera ganz gut entwickelt haben", versuchte er den Freund und Vetter zu trösten. „Man berichtet vom württembergischen Hof, dass sie zwar keine Schönheit, aber doch ein liebes Mädchen ist. Außerordentlich klug soll sie im Übrigen auch sein. Du weißt ja, auf die inneren Werte kommt es an!"

„Du sagst, es mein Freund", antwortete Eugen. „Eine Heirat mit Wera würde meiner Karriere auf jeden Fall dienlicher sein als die Verbindung mit einer Tänzerin. Ich darf meine Zukunft als Offizier nicht aus den Augen verlieren."

Wilhelm sah seinen Freund ernst an.

„Du musst es wissen. Ich wünsche dir auf jeden Fall alles Gute."

„Danke. Man muss nehmen, was man kriegen kann. Ich werde beim württembergischen Königshaus andeuten, dass ich einem Rendezvous nicht abgeneigt bin. Wer weiß, was sich daraus ergibt."

Dann widmeten sie sich ihrem Rührei mit den gebratenen Speckscheiben, die inzwischen leider schon fast kalt geworden waren.

Stuttgart 1873

Mein sind die Jahre nicht,
die mir die Zeit genommen.
Mein sind die Jahre nicht,
die etwa mögen kommen.
Der Augenblick ist mein
Und nehm ich den in acht,
So ist der mein,
der Jahr und Ewigkeit gemacht.
(Andreas Gryphius)

Wera runzelte unzufrieden die Stirn. Sie saß vor dem Frisiertisch im Ankleidezimmer in der Villa Berg und betrachtete kritisch ihr Spiegelbild. Was sie sah, gefiel ihr überhaupt nicht. Sie schüttelte den Kopf, so dass die blonden Locken ihr links und rechts um die Ohren flogen. Dann versuchte sie, die Haarpracht mit zwei perlmuttbesetzten Spangen festzustecken. Schließlich drehte sie entnervt dem Spiegel den Rücken zu und wandte sich an ihre Freundin Sophie, die hinter ihr stand.

„Ach, Sophie, ich sehe einfach furchtbar aus.“ Sie raffte ihre krausen Haare mit der Hand hinter dem Kopf zusammen und betrachtete sich prüfend.

„Zwei Stunden bürstete, kämmte, drehte und steckte meine Kammerzofe heute Morgen meine Haare. Wie du siehst, ohne erkennbaren Erfolg. Die Haarpracht ist nicht zu bändigen“, stöhnte Wera „Es ist zum Verzweifeln.“

„Aber Wera, deine Frisur sieht doch wunderschön aus.“ Mit ihrem Finger berührte Sophie Weras Locken.

„Schau, Marie hat wie immer eine gute Hand und einen Blick dafür, was zu dir passt. Was ist denn heute mit dir los?"

„Sophie, ich fühl' mich so unansehnlich. Warum bin ich nicht so hübsch wie Tante Olly?"

„Du musst dich doch nicht immer mit deiner Tante vergleichen. Sie verzichtet so oft auf gutes Essen, ihrer Figur zuliebe. Das würde uns beiden ganz sicher nicht gefallen. Wir lieben das Leben und das gute Essen." Lachend drehte sich Sophie im Kreis, so dass ihr Rock weitschwingend ihre Beine umspielte.

„Du hast ja recht. Aber manchmal beneide ich Tante Olly eben. Sogar jetzt noch, mit ihren 50 Jahren, ist sie eine Schönheit, die von allen bewundert wird, und zudem gertenschlank! Und ich - ich bin und bleibe einfach nur dick und hässlich."

„Wera, warum vergleichst du dich mit der Königin! Sie ist nun mal außergewöhnlich. Aber du bist auch etwas ganz Besonderes, glaub mir." Sophie legte ihre Arme um Wera und zeigte auf ihr Spiegelbild „Schau, wir zwei, wir sind doch zwei ganz hübsche, nette Mädels." Doch heute ließ sich Wera von der Stimmung der meist gutgelaunten Sophie nicht anstecken.

„Ach Sophie, du findest immer etwas zum Lachen und zum Necken, aber mir ist heut nicht nach Ausgelassenheit." Sophie ließ ihre Freundin los und setzte sich auf den Hocker neben dem Frisiertisch. Sie versuchte ein ernstes Gesicht zu machen. Als es ihr nicht so recht gelang, zog sie eine Grimasse.

„Also gut. Wenn du es wünschst, dann lass uns ernst sein." Jetzt musste Wera doch lachen, als sie Sophies Gesicht sah, bei dem der Schalk nur so aus den Augen blitzte und das ihre ernsthaften Worte Lügen strafte.

„Ach Sophie, du bringst mich auch in den düstersten Momenten zum Lachen."

„So soll's ja auch sein. Das ist die Aufgabe einer guten Freundin. Weißt du das nicht? Du siehst viel hübscher aus, wenn du lachst." Sophie zeigte auf den Spiegel, in dem ihre lachenden Mädchengesichter zu sehen waren.

„Mir ist aber heute nicht nach Lachen, ehrlich nicht."

„Also gut, Wera, wenn dir heute das Leben so hart mitspielt, dann erzähl einfach, was dich bedrückt." Sophie legte den Arm um Weras Schulter und schaute sie schweigend an.

Wera schluckte. Sie spürte, wie ihr die Tränen kamen. Stockend antwortete sie schließlich der Freundin.

„Ach Sophie, ich fühl mich so hässlich und plump, neben Tante Olly komm ich mir vor wie ein Trampeltier." Wieder liefen Tränen über ihre Wangen. Schluchzend legte Wera ihren Kopf auf den Frisiertisch.

Tröstend strich Sophie immer wieder über Weras widerspenstige Haarpracht. Allmählich spürte Wera, wie sie ruhiger wurde.

„Warum schaust du denn plötzlich so sehr auf dein Äußeres? So oberflächlich kenne ich dich gar nicht. Was bringt dich heute so aus der Fassung?"

Wera spürte, dass sie der Freundin eine Erklärung schuldig war.

„Du hast ja so recht, ich bin einfach furchtbar aufgeregt und durcheinander. Ich weiß einfach nicht mehr, wo mir der Kopf steht. In den letzten Tagen haben sich hier die Ereignisse überschlagen."

„Was ist passiert? Wera, ich bin deine beste Freundin. Du kannst mir ruhig alles erzählen."

„Ehrlich gesagt, ich habe Angst vor morgen." Wera spürte, wie eine flammende Röte ihren Hals hinaufkroch. „Tante Olly hat sich in den Kopf gesetzt, dass ich Herzog Wilhelm Eugen von Württemberg heiraten soll."

„Heiraten? So plötzlich?" Sophie schaute die Freundin verwirrt an.

„Für mich kam das alles auch sehr überraschend."

„Herzog Wilhelm Eugen soll der Glückliche sein?" vergewisserte sich Sophie

„Ja, der aus Schlesien."

„Aber ..." Sophie zögerte. „Ist er nicht einige Jahre älter als du?"

„Sicher, aber die Tante hat sich das so schön ausgedacht: Es wäre ja wirklich passend: Eugen ist hinter Willy der nächste in der württembergischen Thronfolge."

Aufgeregt sprang Sophie auf.

„Das sind natürlich spannende Neuigkeiten. Du kommst jetzt also auf den Heiratsmarkt. Da kann ich natürlich verstehen, dass du dich an diesen Gedanken erst gewöhnen musst", meinte Sophie mitfühlend.

„Der Gedanke an eine Hochzeit bringt mich, ehrlich gesagt, ganz durcheinander, zumal ich den Eindruck habe, dass Tantchen in ihren Planungen schon sehr weit fortgeschritten ist."

„Ganz ehrlich, Wera. Was meinst du dazu? Willst du ihn auch heiraten? Liebst du ihn? Du wirst bei der Wahl deines Ehepartners doch sicher ein Wort mitzureden haben oder?" Sophie stellte sich vor Wera und schaute sie fragend an.

„Ach Sophie, ich kenne ihn doch nur von früheren Begegnungen. Schon lange hatte ich keinen Kontakt mehr mit ihm.“

„Aber irgendetwas musst du doch über ihn erfahren haben. Er kann dir ja nicht ganz fremd sein.“ Sophie lief aufgeregt hin und her. „Du musst schließlich wissen, auf wen du dich einlässt.“

„Nun ja, er soll sehr nett und vor allem gut aussehend sein. Im Krieg gegen Frankreich soll er sich tapfer geschlagen haben, so sagt man.“ Auch Wera war jetzt aufgestanden und schaute aus dem Fenster. Sie versuchte, ihrer Stimme einen möglichst ruhigen Klang zu geben und ihre Nervosität zu zügeln. „Man erzählt sich die tollsten Geschichten über ihn. Er ist ein hoch dekorierter Kavallerieoffizier. Sogar von einer mehrmonatigen Amerikareise mit seinem Onkel wird berichtet. Alles in allem ein attraktiver, weltoffener Mann.“

„So so, ein hübscher, tapferer Offizier. Ehrlich gesagt, davon träumen wir doch alle, oder?“ In Sophies leicht spöttischen Worten spürte Wera einen Anflug von Neid.

„Schon, er ist sicher keine schlechte Partie. Wie dem auch sei. Tante Olly verliert keine Zeit. Sie hat Eugen für morgen zu einem Gespräch eingeladen. Anschließend ist ein Ausritt mit ihm geplant, um sich näher kennenzulernen, vorausgesetzt das Gespräch verläuft zu Tantchens Zufriedenheit.“

„Na, das hört sich doch wunderbar an! Du bist eine exzellente Reiterin. Zu Pferde kann dir niemand das Wasser reichen. Du wirst eine beeindruckende Figur machen, glaub mir. Mach dir nur keine Sorgen.“

„Ach Sophie, ich kann das alles nicht so leicht nehmen." Wera fiel ihrer Freundin um den Hals. Diese strich Wera beruhigend über den Kopf.

„Wera, immer mit der Ruhe. Noch bist du nicht mit ihm verheiratet, noch ist nichts entschieden. Die Königin ist eine kluge Frau. Sie weiß genau, was sie tut", munterte die Freundin Wera auf. „Du wirst ihn morgen ganz unverbindlich einmal kennenlernen. Du wirst sehen, das wird ein schöner Nachmittag werden." Doch Weras Zweifel ließen sich nicht so leicht abschütteln.

„Ich weiß nicht. Eugen ist ein erfolgreicher Offizier. Die sind ständig umgeben von bildschönen, jungen Frauen, die um ihre Aufmerksamkeit buhlen. Ich habe schon manches gehört über ihre Frauengeschichten. In dieses Schönheitsideal passe ich einfach nicht. Ich brauche mir doch keine Illusionen zu machen. Bei Hofe munkelt man, er sei mit einer Tänzerin liiert." Jetzt endlich hatte Wera ausgesprochen, was sie so sehr bedrückte.

Doch Sophie reagierte ganz anders, als sie erwartet hatte. Sie lachte lauthals.

„Wera, was machst du dir für Sorgen. Mit einer Tänzerin kannst du längst konkurrieren. Ich wette, sie kann dir in keinster Weise das Wasser reichen. Du wirst sehen, Eugen wird begeistert sein von dir."

Dennoch blieb Weras Blick sorgenvoll:

„Weißt du, Sophie, es wäre mir so wichtig, dass ich bei Eugen einen guten Eindruck hinterlasse. Du hast ja recht, eine Heirat mit diesem gutaussehenden, begehrten Offizier wäre traumhaft."

„Sei nur guten Mutes, Wera. Der Herzog wird schnell merken, was für ein wertvoller, liebenswerter Mensch du bist. Du hast ein Herz aus Gold, bist klug und gebildet. Für mich bist du die beste Frau der Welt. Jeder Mann, der das Vorrecht hat, dich zu heiraten, kann sich glücklich schätzen."

„Sophie, du schmeichelst mir."

„Nein, es ist mir ernst. Eugen wird deine Qualitäten bald genug erkennen. Im Übrigen: Wenn dein Zukünftiger nur Augen für Äußerlichkeiten hat, dann ist er deiner ganz sicher nicht wert, glaub mir."

Die lieben Worte Sophies verfehlten ihre Wirkung nicht. Wera fühlte sich schon viel besser. Gerührt nahm sie ihre Freundin in den Arm.

„Vielen Dank, Sophie. Du bist wirklich eine gute Freundin. Du verbreitest so viel Zuversicht. Vielleicht wird doch alles gut, und der morgige Tag verläuft viel besser, als ich es mir vorstellen kann. Ich wünsche es mir so sehr."

„Davon bin ich überzeugt, liebste Wera. Auch wenn ich mir nicht so sicher bin, ob Eugen dich auch wirklich verdient hat." Jetzt musste Wera lachen.

„Noch bin ich nicht verheiratet. Ich werde mir den Kandidaten morgen ansehen. Tante Olly hat mir immerhin ein Mitspracherecht eingeräumt. Ich hoffe, sie hält sich an dieses Versprechen."

„Wie schön, dass du wieder lachen kannst. Ich wünsche dir auf jeden Fall einen wunderschönen Tag. Und am Abend möchte ich einen genauen Bericht, wie das Rendezvous verlaufen ist", verabschiedete sich Sophie.

Am folgenden Nachmittag stand Wera neugierig am Fenster im Obergeschoss der Villa Berg. Immer wieder wandte sie sich dem großen Wandspiegel zu und betrachtete kritisch ihr Spiegelbild. Sie trug ihr braunes Reitkostüm. Sophie hat recht, dachte sie, die Reitkleidung steht mir wirklich gut. Mit dem weißen Haarband und der Perlmuttspange wirkt auch meine Haarpracht nicht so störrisch. Die Perlenohrringe sind edel und doch nicht übertrieben. Wera sprach sich Mut zu und strich nervös über den braunen Rock ihres Reitkostüms. Wieder ging sie zum Fenster. Die Warterei würde sie noch verrückt machen. Da, endlich sah sie in der Ferne zwei Reiter in schnellem Galopp über die Neckarbrücke preschen. Wera trat näher ans Fenster. Jawohl, sie schlugen den Weg Richtung Villa Berg ein. Jetzt waren sie im Wald verschwunden. Dann tauchten sie auf der Rasenfläche des weitläufigen Parks wieder auf. Die Reiter stoppten ihre Pferde vor den Wasserspielen, die den Übergang zwischen Park und der Freitreppe der Villa bildeten. Einer der beiden Reiter stieg schwungvoll von seinem Pferd, tätschelte ihm kurz den Hals und übergab dann dem anderen die Zügel. Wera beugte sich vor, um besser sehen zu können: Der Mann - er trug die Ausgehuniform der Ulanen - schritt energisch auf die Villa zu. Ja, das war er, Herzog Wilhelm Eugen, stattlicher und reifer als vor vier Jahren, als sie ihn zum letzten Mal gesehen hatte. Noch immer hatte er jenen freundlichen Gesichtsausdruck. Man spürte, dass er stets bereit war zu einem fröhlichen Lachen. Wera sah, wie Eugen anerkennend die prachtvolle Fassade betrachtete. Dann eilte er die Freitreppe hinauf und war ihren Blicken entschwunden. Zu gerne wäre sie jetzt Zeuge jenes Gespräches, das im Salon gerade stattfand. Doch Tante Olly hatte entschieden, dass Wera erst später, zu dem geplanten Ausritt, in Erscheinung treten sollte. Noch einmal betrachtete Wera prüfend ihr Spiegelbild und strich ihre weiße Bluse glatt. Ob sie ihm gefallen würde? Sie wünschte es sich so sehr! Wie schön wäre es, einen so begehrten und beliebten Offizier zum Ehemann zu haben! Wie viele Mädchen und Frauen würden sie beneiden! Das Getuschel bei Hofe über ihr Aussehen würde endlich ein Ende haben, wenn sie einen so beeindruckenden Mann an ihrer Seite hätte. Aber war es das wirklich, was sie sich für ihr Leben wünschte? Plötzlich kamen Wera Zweifel. War die Ehe wirklich ein so erstrebenswertes Ziel? Wollte sie diesen Herzog heiraten, den die Königin für sie ausgesucht hatte? Weras Gedanken gingen zu Onkel Karl und Tante Olly. Mit glänzenden Augen hatte die Tante ihr vor einigen Monaten erzählt, wie sie Onkel Karl kennengelernt hatte und wie sehr sie sich geliebt hatten. Tante Ollys Beschreibung von damals hatte jedoch so gar nichts gemein mit dem launischen, oft mürrischen Onkel Karl, den Wera immer wieder hier in Stuttgart erlebte. Was war passiert mit dieser großen Liebe? Wie oft sah Wera Tränen in den Augen von Tante Olly, wenn Onkel Karl wieder einmal einen seiner schlechten Tage hatte! Meist versuchte sie ihre Traurigkeit vor Wera zu verbergen. Aber sie merkte sehr wohl, wie sehr ihre Tante unter den Launen und dem Benehmen von Onkel Karl litt. Wera dachte mit Grausen an die Sommermonate 1869 in Friedrichshafen. Es hätten wunderbare Urlaubstage werden können. Am Himmel waren keine Wolken zu sehen, und die glatte Oberfläche des Bodensees spiegelte an manchen Tagen die Berge in ihrer Pracht wider. Die

Bodenseeflotte mit ihren weißen Dampfern bot ein prächtiges Bild. Sie zogen ihre Bahnen über den See zu Ehren der königlichen Gäste. Alle genossen die Ruhe und die Spaziergänge am See. Die vielen Besucher boten Anlässe für prachtvolle Feste. Doch dann brachte Tante Olly eines Morgens Onkel Karl in deutlichen Worten ihre Missbilligung über seine enge Beziehung zu Wilhelm von Spitzemberg zum Ausdruck.

„Mein Lieber", hatte Tante Olly zornig gesagt, „überall wird getuschelt, dass Spitzemberg seine Zeit hier nur noch in deinen Armen verbringt. Dein Verhalten ist unerträglich. So geht das nicht weiter. Wenigstens in der Öffentlichkeit solltest du einen Stil bewahren, der deiner Stellung entspricht, wenn du schon auf meine Gefühle keine Rücksicht nimmst."

Lauthals hatte sich der König jegliche Einmischung in seine Beziehung zu seinem Freund verboten. Seine Worte hatten damals durchs ganze Schloss getönt. Es war ein peinlicher Auftritt gewesen. Schließlich war der König so heftig vom Tisch aufgesprungen, dass sein Stuhl krachend umgefallen war. Den ganzen Tag hatte Wera ihren Onkel nicht mehr getroffen.

Von diesem Moment an wurde die Stimmung im Friedrichshafener Schloss eisig. Die Majestäten schwiegen sich die meiste Zeit an und sprachen nur noch in Gegenwart anderer Personen miteinander. Wera hielt es oft nicht mehr aus und floh aus dem Schloss, indem sie lange Spaziergänge mit den Hunden unternahm. Trotz des wunderbaren Wetters brach man einige Tage später den Sommeraufenthalt in Friedrichshafen vorzeitig ab, doch das Getuschel bei Hofe über König Karls Männerbekanntschaften und die Ehe der Majestäten verstummte seit dieser Zeit nicht mehr. Tante Olly tat ihr unendlich leid. Wie sehr musste sie unter diesen üblen Gerüchten leiden! Kein Wunder, dass sie sich so oft unwohl fühlte und immer häufiger das Bett hütete und nicht zu sprechen war.

Wie wird wohl mein zukünftiges Schicksal aussehen? fragte sich Wera. Wird es mir womöglich ähnlich ergehen: Zuerst die ersehnte, große Liebe und dann später nur noch Verletzungen, Unzufriedenheit und Verbitterung? Nein, sie wollte nicht das gleiche Los erleben wie Tante Olly. Vielleicht würde es ihr nicht gelingen, Eugen so heiß und innig zu lieben, wie Tante Olly Onkel Karl zu Beginn ihrer Ehe geliebt hat. Schließlich kannte sie ihn kaum. Aber konnte es nicht möglich sein, trotzdem gut miteinander zusammen zu leben, einander zu achten, sich miteinander zu freuen, gemeinsam Schönes zu erleben? Wera nahm sich vor, wenn sie die Chance dazu bekäme, sich mit aller Kraft für dieses hohe Ideal einer guten Ehe einzusetzen. Die Aussicht auf ein glückliches Leben war alle Anstrengung und allen Einsatz wert. Die Hochzeit mit Eugen würde es ihr ermöglichen, weiterhin hier in Stuttgart zu bleiben, ganz in der Nähe von Tante Olly, wo es ihr so gut ging und sie sich geborgen fühlte. Sie könnte zudem ihren Sommerurlaub jedes Jahr im schönen Friedrichshafener Schloss am Bodensee verbringen. Alles in allem sahen die Zukunftsaussichten an der Seite von Herzog Wilhelm Eugen großartig aus.

Die Minuten dehnten sich wie Stunden. Wera konnte ihre Ungeduld kam noch zügeln. Wie gerne würde sie heute, wie früher als Kind, dem Gespräch im unteren Stockwerk heimlich lauschen. Da, endlich klopfte es. Tante Olly ließ sie rufen. Wera eilte die Treppe hinunter. Dann ermahnte sie sich: „Contenance!“ Tante Ollys Lieblingswort. Schon immer war es ihr schwer gefallen, dieser Aufforderung zu folgen. Wera zügelte ihr Tempo, ging nun gemessenen Schrittes weiter. Sie atmete tief durch und öffnete die Tür zu den Empfangsräumen und trat ein. Ihr erster Blick galt Tante Olly, die strahlte wie die aufgehende Sonne. Offensichtlich war das Gespräch zu ihrer Zufriedenheit verlaufen. Dann wandte sie sich um: Das ist also Herzog Wilhelm Eugen. Wera musterte den jungen Mann, der sogleich aufgesprungen war und ihr zur Begrüßung galant die Hand küsste. Groß und schlank war er. Unglaublich gut sah er aus in seiner Offiziersuniform. Wera schluckte und spürte, wie sie rot wurde. Von ihrem Beobachtungsposten hatte sie vorhin nicht erkennen können, was für ein attraktiver Mann Eugen geworden war. Dagegen fühlte sie sich wie eine graue Maus. Wo war ihr Mauseloch, in dem sie sich verstecken könnte? Eugen schien von ihrer Befangenheit nichts zu merken:

„Wera, meine Liebe, wie schön, dich wiederzusehen. Wie sehr hast du dich verändert. Du bist eine beeindruckende junge Frau geworden. Ich ...“ Tante Olly unterbrach den Redefluss Eugens.

„Wera, der Herzog würde sehr gern ein wenig mit dir ausreiten. Er interessiert sich ungemein für den Rosensteinpark und dessen ganz besondere Botanik. Ich schlage vor, dass du ihn dorthin begleitest.“ Auffordernd blickte Tante Olly Wera an.

„Selbstverständlich, sehr gerne.“ Wieder spürte Wera ihre Verlegenheit. Sie schwieg und ärgerte sich. Warum war ihr keine intelligentere Antwort eingefallen? Wieder einmal wünschte sie sich, sie wäre hübscher, gewandter und schlagfertiger.

Zu Pferde verlor Wera alle Befangenheit. Sie atmete tief durch, während sie mit Eugen durch den Park ritt .Hier war sie in ihrem Element. Allmählich beruhigten sich ihre aufgewühlten Gedanken, und die sanften, gleichmäßigen Bewegungen taten ein Übriges. Wie immer fühlte sie sich mit ihrer Stute im Einklang. Es schien kein Wesen zu geben, das sie so gut verstand wie ihre Valeska. Wera schaute Eugen von der Seite an: Auch er wirkte, als würde er diesen Ausritt genießen. Nach den ersten belanglosen Worten wandte sich Wera auffordernd an Eugen.

„Du warst einige Monate in Amerika, habe ich gehört. Ein ganz fremdes Land, so weit weg,und so unbekannt. Erzähl, wie ist es dort?“

Eugen schien nur auf das Stichwort gewartet zu haben. Ein Damm war gebrochen, und es sprudelte nur so aus ihm heraus. Voller Begeisterung berichtete er von der Weite des Landes, von riesigen Steppen, Indianern, endlos langen Eisenbahnstrecken. Wera hörte staunend zu. Wie spannend Eugen erzählen konnte. Sie sah das fremde Land, das doch so weit entfernt war in den schönsten Farben vor sich. Bewundernd schaute Wera ihren Begleiter an. Was hatte dieser Mann schon alles erlebt. Neben ihm kam sie sich wie ein kleines, unerfahrenes Mädchen vor. Aber es war eine schöne Erfahrung, neben ihm zu reiten, ihm zuzuhören und zu merken, dass er sie als Gegenüber ernstnahm.

„Jetzt habe ich so viel erzählt, Wera. Aber nicht nur in der Fremde, auch in Stuttgart ist es wunderschön. Ich liebe den Park und die Wälder hier. Ich genieße diesen gemeinsamen Ausritt ungemein.“ Eugen schwieg. Einer plötzlichen Eingebung folgend gab sie ihrer Valeska die Zügel und drückte die Schenkel in deren Flanken. Valeska verstand und reagierte sofort. Wera spürte, wie sich ihr Pferd unter ihr lang machte und das Tempo steigerte. Sie fühlte den kühlen Wind im Gesicht. Ihre Haut prickelte, und ihre Augen tränten. Sie merkte, wie ihr Puls vor Freude schneller schlug. In fliegendem Galopp stoben sie davon Richtung Wald. Wera vernahm hinter sich einen erstaunten Ausruf Eugens. Dann hörte sie, dass auch er sein Pferd antrieb. Seite an Seite galoppierten sie davon und lieferten sich ein fröhliches Rennen. Auch den Pferden schien dieser unerwartete Wettkampf Spaß zu machen. Wera erreichte die Villa einige Meter vor Eugen. Völlig außer Atem brachte sie ihr Pferd zum Stehen. Das Herz schlug ihr bis zum Hals. Dieser Ausritt war Lebensfreude pur. Sie drehte sich Eugen zu und schaute ihn an. Es traf sie wie ein Blitz, als sie in seine Augen sah. Sie spiegelten das gleiche Glücksgefühl wider, das sie in ihrem Inneren verspürte. Hatte sie in Eugen einen Seelenverwandten gefunden? Einen Menschen, der die Natur, die Pferde, die Bewegung im Freien genauso liebte wie sie? Verbanden sie die gleichen Interessen? Wera war verwirrt. Sie musste zugeben, sie mochte Eugen sehr, ja, vielleicht war das, was sie empfand tatsächlich sogar Liebe. Auf jeden Fall war dieser Nachmittag ein Erlebnis, das unendlich viel schöner war, als sie es sich vorzustellen gewagt hatte. Dabei hatte sie sich doch vorgenommen, Tante Ollys Projekt „Heirat“ mit innerer Distanz ganz rational und kühl abzuwägen. Fast gleichzeitig tätschelten sie den Hals ihrer Pferde und stiegen ab.

„Respekt, Wera. Du bist eine ausgezeichnete Reiterin. Was für ein wunderbarer Nachtmittag war das heute mit dir. Vielen Dank.“

Wera errötete unter dem Lob. Schnell fand sie ihre Fassung wieder und antwortete:

„Ich habe den Ausritt auch genossen.“

„Hab Dank für deine angenehme Begleitung, liebe Wera. Ich würde mich sehr freuen, wenn wir uns bald wiedersehen könnten“, verabschiedete sich Eugen.

„Gerne, Eugen.“ Der Schalk blitzte in ihren Augen. „Das nächste Mal kannst du ja versuchen, ob du das Rennen gewinnst.“

„Als Offizier von einem jungen Mädchen zu Pferde geschlagen zu werden, ist recht ungewöhnlich, das muss ich sagen, aber ich gebe zu, es hat mir viel Spaß gemacht.“ Wieder merkte Wera, wie sie verlegen wurde. „Ich werde mich noch kurz bei deiner Tante bedanken und verabschieden. Aber für diese Niederlage fordere ich auf jeden Fall Revanche. Auf Wiedersehen, kleine Wera, bis bald.“ Eugen ging mit schnellen Schritten die Treppe hinauf.

Verdutzt schaute Wera Eugen noch eine Weile nach. Dann ging sie nachdenklich in ihr Zimmer. Diesen Nachmittag musste sie erst einmal verdauen.

Stuttgart März 1874

Die wichtigste Stunde
ist immer die Gegenwart,
der bedeutendste Mensch
ist immer der, der gegenübersteht,
das notwendigste Werk
ist stets die Liebe.
(Meister Eckart)

Es roch eindeutig nach Frühling. Hier und dort waren kleine Schneefelder zu sehen, und der Waldboden war festgefroren. Doch an manchen Stellen schauten bereits neugierig die ersten Schneeglöckchen hervor. Die Luft war eisig, denn die ersten Sonnenstrahlen hatten noch zu wenig Kraft. Wera liebte diesen ersten Frühlingstag viel zu sehr, um heute auf einen Ausritt zu verzichten. Onkel Karls Vorschlag, gemeinsam mit ihrem zukünftigen Ehemann einen Ausflug zu Pferde zu unternehmen, hatte sie gerne zugestimmt.

„Schließlich muss sich das junge Paar noch ein wenig kennenlernen, bevor der Ernst des Lebens beginnt“, hatte er augenzwinkernd erklärt.

Wera drehte ihren Kopf zur Seite und betrachtete Eugen prüfend. Auch er schien diesen Ausritt zu genießen. Wera dachte an jenen denkwürdigen Besuch Eugens in der Villa Berg im vergangenen Jahr. Einige Ausflüge hatten sie in den folgenden Wochen zusammen unternommen und dabei ihre gemeinsame Begeisterung für Pferde entdeckt. Die Ausritte zu zweit waren stets Erlebnisse, auf die sich Wera sehr freute. Sie liebte die unbeschwerten Stunden an Eugens Seite. Er hatte schon viel erlebt und konnte spannend und lustig erzählen. Eugen brachte Wera mit seinen Berichten immer wieder zum Staunen und auch zum Lachen.

Einige Wochen nach seinem Besuch hatte Herzog Eugen in einem Schreiben offiziell um Weras Hand angehalten. Als Tante Olly Wera diesen Brief zeigte, machte ihr Herz einen Luftsprung. Es war ein unbeschreibliches Gefühl, es schwarz auf weiß zu lesen, dass Eugen sie liebte und heiraten wollte. Tagelang ging Wera umher wie auf Wolken. Sie konnte ihr Glück kaum fassen.

Gerne erteilte Onkel Karl seine Erlaubnis zur Heirat. Auch aus Sankt Petersburg von Großfürst Konstantin wurde Zustimmung signalisiert. Im Januar war die offizielle Verlobung verkündet worden. Der Hochzeitstermin rückte nun mit Riesenschritten näher. Doch als der erste Gefühlstaumel verklungen war, wurde Wera plötzlich bange vor dem endgültigen Entschluss. Sie spürte mit einem Mal heftige Zweifel und merkte, welch großer Unterschied zwischen dem spielerischen Gedanken an eine Heirat und der Endgültigkeit dieser Entscheidung lag. Nächtelang wälzte sie sich in ihrem Bett hin und her. Die Last schien sie zu erdrücken und ihr den Atem zu nehmen. Immer wieder horchte sie in sich hinein und versuchte ihre Gefühle zu ergründen. War sie auf dem richtigen Weg? War Eugen der Mann, mit dem sie den Rest ihres Lebens verbringen wollte? Konnte sie sich bereits jetzt schon so fest binden? Ja, sie mochte ihn gern, er war ein beeindruckender Mensch, liebenswürdig, humorvoll und gut aussehend. Viele Frauen beneideten sie um ihren zukünftigen Ehemann. Aber reichte dieses Gefühl für eine lebenslange Ehe? War ihre Liebe stark genug? Die bohrenden Fragen ließen Wera keine Ruhe. Schließlich wandte sie sich Hilfe suchend an Tante Olly. Doch diese hatte wenig Verständnis für ihre Zweifel.

„Wera, dein Platz ist hier im württembergischen Königshaus. Hierher hat dich Gott gestellt und hier sollst du deine Aufgaben erfüllen. Manchmal kann das auch bedeuten, dass du deine persönlichen Wünsche zurückstellen musst." Belehrend hob Tante Olly ihren Zeigefinger. „Zweifelndes Fragen raubt dir nur unnötig Kraft. Glaub mir, ich weiß, wovon ich rede, Kind."

„Aber Tante Olly, wie kann ich versprechen, mit Eugen mein ganzes Leben lang zusammen zu sein, wenn ich gar nicht weiß, was auf uns zukommen wird? Ein Leben ist lang und doch nicht zu überblicken." Die Tante hatte tief geseufzt.

„Wera, meine Liebe, du hast natürlich recht. Ich selbst weiß das nur zu gut. Aber es ist unsere Pflicht, dem Land zu dienen, und dazu gehört nun einmal eine angemessene, passende Heirat. Dein Eugen ist zudem ein äußerst netter, freundlicher Mensch. Ich glaube fest daran, dass ihr beide miteinander glücklich werdet." Ganz überzeugt war Wera von den Worten Tante Ollys nicht, sie merkte jedoch, dass Widerspruch im Moment zwecklos war.

Heute indes waren alle Zweifel an ihrer Liebe wie weggeblasen. In stillem Einvernehmen ritten sie nebeneinander durch den Wald und genossen den schönen Vorfrühlingstag. Wenn sie genau hinhörte, vernahm Wera sogar das erste Vogelgezwitscher. Die Luft roch unvergleichlich nach Frühling. Wera war so glücklich an Eugens Seite, dass sie überhaupt nicht begreifen konnte, wie sie ihre Beziehung jemals hatte in Frage stellen können.

Sie spürte Eugens nachdenklichen Blick.

„Na, kleine, süße Braut, heute so grüblerisch? Was für schwerwiegende Gedanken wälzt du denn an diesem wunderbaren Tag hinter deiner schönen Stirn?“ neckte er sie.

Wera zuckte zusammen. Etwas verlegen tätschelte sie den Hals ihrer Valeska. Auf gar keinen Fall wollte sie Eugen an ihren zweifelnden Gedanken teilhaben lassen. Sie bat Eugen schnell:

„Erzähl mir doch mehr von deiner Amerikareise vor drei Jahren. Ich kann nicht genug hören von diesem fremden Land. Es muss furchtbar aufregend sein, in diesen fernen Kontinent zu reisen.“ Wera merkte, dass sie den richtigen Ton getroffen hatte. Eugen erzählte stolz:

„Ja, diese Reise war ein ganz besonderes Erlebnis. Lange waren wir unterwegs, mein Onkel und ich. Allein schon die Reise mit dem Schiff über den Ozean war ein Abenteuer. Wir kamen in einen schweren Sturm. Wie eine Nussschale wurde unser Dampfer hin und hergeschaukelt. Ehrlich gesagt war ich froh, als ich wieder festen Boden unter den Füßen hatte.“ Wera nickte verständnisvoll.

„O ja, das kenne ich von meinen Reisen nach Russland. Einen Sturm auf dem Schiff zu erleben, ist wirklich schrecklich.“

Der Weg wurde schmaler, und Eugen hielt an, um Wera vorausreiten zu lassen. So ritten sie eine Zeitlang schweigend durch den Wald. Erst als sie an eine Lichtung kamen, hielt Wera an und wandte sich Eugen wieder zu.

„Erzähl, wie leben die Menschen in Amerika? Inzwischen habe ich manches über dieses Land gelesen. Man sagt, dass es dort viele dunkelhäutige Menschen gibt."

„Ein unschönes Thema", erwiderte Eugen. „Diese Leute waren vor einigen Jahren noch Sklaven. Sie sind erst im Bürgerkrieg befreit worden. Jetzt irren sie verarmt durch die Städte. Insbesondere für die vielen Kinder, die keine Bleibe haben, ist es eine Katastrophe. Es gab manche unschöne Szene. Komm, lass uns weiterreiten, wir wollen doch nach Hause kommen, bevor es dunkel ist."

Eugen legte jetzt ein schnelleres Tempo vor, doch Wera hatte keine Mühe, ihm zu folgen. Als sie ihn wieder eingeholt hatte, erzählte sie:

„Ich war nach dem Krieg mit Tante Olly im Lazarett. Einem sterbenden Soldaten habe ich sogar versprochen, mich um seine Kinder zu kümmern." Wera spürte den fragenden Blick Eugens.

„Wie konntest du versprechen, dich um Kriegswaisen zu kümmern? Ach, meine kleine Wera, du hast ein zu weiches Herz." Wera schaute Eugen ernsthaft an.

„Ich weiß, es war vorschnell, dieses Versprechen zu geben. Aber der Mann und seine verwaisten Kinder taten mir so unsagbar leid. Tante Olly sorgte dann für einen Platz für diese Kinder." Dann fuhr sie zaghaft fort. „Doch die Not der Waisenkinder hier in Stuttgart ist immer noch groß. Daher dachte ich, wir könnten anlässlich unserer Hochzeit ein Heim gründen." Wera schaute Eugen fragend an.

In den vergangenen Wochen hatte der Gedanke, ihre Hochzeit zum Anlass zu nehmen, ein Waisenheim zu gründen, immer mehr Gestalt angenommen. Aber ihr war klar, dass dies eine Entscheidung war, die sie nicht allein fällen konnte. Was würde Eugen wohl dazu sagen? Dieser schwieg eine Weile, und Wera hielt es vor Spannung fast nicht aus. Dieses Projekt war ihr ungemein wichtig, und sie erschrak, als sie Eugens entrüstete Stimme hörte.

„Wie kommst du denn auf diese Idee? Was hat denn unsere Hochzeit mit einem Waisenhaus zu tun?"

„Nun ja", Wera beschloss, Eugen offen ihre Gedanken darzulegen. Sie schaute Eugen ernst an. „Wie dir ja bekannt ist, haben mich Tante Olly und Onkel Karl vor einigen Jahren nach Stuttgart geholt und dann adoptiert. Wer weiß, was sonst aus mir geworden wäre, dort in Sankt Petersburg. Ich war heimatlos und habe hier in Stuttgart eine Heimat gefunden. Daher ist es mir einfach ein Herzensanliegen, auch anderen Kindern eine Heimat zu schaffen. "

„Ich bin ja auch sehr froh, dass du hier in Stuttgart gelandet bist, meine kleine Braut. Wer weiß, was aus mir sonst geworden wäre", neckte Eugen Wera und strich ihr sanft über die Wange. Doch Wera war nicht nach Scherzen zumute. In ernstem Ton fuhr sie fort:

„Ich kann mir so gut vorstellen, wie es sich anfühlt, ohne Eltern auf der Welt zu sein. Ich will heimatlose Kinder unterstützen. Kannst du das denn nicht verstehen?"

„Nun ja, wenn dir das so wichtig ist ..." Wera unterbrach Eugen eifrig:

„Das heißt, du bist einverstanden? Ach Eugen, du kannst dir gar nicht vorstellen, was für eine Freude du mir damit machst. Ich werde gleich bei meiner russischen Verwandtschaft um Spenden bitten für ein Heim für Kriegswaisen. Dann könnte am Tag unserer Hochzeit der Grundstein gelegt werden."

„Du willst bei deiner russischen Verwandtschaft betteln gehen? Wera, das ist nicht dein Ernst, oder? "

Wera zuckte zusammen. Verstand Eugen denn überhaupt nicht, wie bedeutsam dieses Waisenheim für sie war?

Verstimmt ritten sie eine Zeitlang nebeneinander her. Schließlich, als sie wieder bei der Villa angekommen waren und sich verabschiedeten, sagte Eugen:

„Wera, es ist deine Verwandtschaft. Wenn du willst, kannst du sie natürlich um Spenden bitten. Wenn es dir so wichtig ist, dieses Heim zu bauen, ist es deine Entscheidung. Ich stelle mich nicht dagegen."

Erleichtert nickte Wera. Schnell gab sie ihm einen Kuss auf die Wange.

„Danke, du weißt gar nicht, was für eine Freude du mir damit machst."

8. Mai 1874

Oh wie lieblich, oh wie schicklich
sozusagen herzerquicklich
ist es doch für eine Gegend
wenn zwei Menschen,
die vermögend,
außerdem mit sich zufrieden
aber von Geschlecht verschieden
wenn nun diese, sag ich, ihre
dazu nötigen Papiere
sowie auch die Haushaltssachen
endlich mal in Ordnung machen
und in Ehren und beizeiten
hin zum Standesamte schreiten.
Wie es denen, welche lieben
Vom Gesetze vorgeschrieben.
Dann ruft jeder freudiglich
„Gott sei Dank, sie haben sich!“
(Wilhelm Busch)

Verstohlen blickte Wera Eugen an, der neben ihr stand, aufrecht, in seiner Galauniform mit Schärpe und goldenen Epauletten. Was er jetzt wohl dachte? Beeindruckend sah er aus, souverän, wie ein Offizier eben. Keine Gefühlsregung konnte man ihm anmerken. Doch Wera spürte, dass auch ihn dieser Tag bis ins Innerste berührte. In diesem Augenblick wurde Wera von ihren Gefühlen übermannt. In wenigen Minuten würde Eugen ihr Ehemann sein, und sie fühlte sich mit ihm in einer tiefen Liebe verbunden, hinter der alles andere zurückwich. Wera ließ sich einfach treiben von diesem unerhörten Glücksgefühl. Wie hatte sie jemals an ihrer Entscheidung zweifeln können? Ja, zu diesem Menschen wollte sie gehören! Eugen schien ihre Gedanken zu spüren. Er lächelte sie an. Wera nickte ihm fast unmerklich zu. Wie wunderbar vereinten sie diese leisen Gesten, die nur ihnen beiden gehörten und die von den übrigen Gästen nicht wahrgenommen wurden. Sie waren Zeichen ihrer Verbundenheit und erschienen Wera wie zarte Fäden, die das Band zwischen ihnen im Lauf der Zeit immer fester und tragfähiger werden ließ. Wera spürte eine sanfte Röte aufsteigen, als sie daran dachte, was dieser Tag für ihr zukünftiges Leben bedeutete. Ab heute war sie nicht mehr länger ein ungebundenes Mädchen. Dieser Tag machte sie zu einer erwachsenen, verheirateten Frau.

„Contenance!" ermahnte sie sich mit Tante Ollys Lieblingswort und senkte züchtig den Kopf, um sich auf die Worte des Pfarrers zu konzentrieren. Das Diadem auf ihrem Kopf war schwer, und auch die Brokatschleppe drückte auf ihre Schultern. Außerdem hatte die Kammerzofe auf Weras Anweisung ihre Taille heute besonders eng geschnürt. Sie wollte an ihrem Hochzeitstag doch eine gute Figur machen. Hocherhobenen Hauptes trug sie den Hochzeitsschmuck. Heute war ihr großer Tag, sie wollte ihn genießen und auskosten. In der Ferne tönten die Glocken der Schlosskirche und der Stiftskirche. Sie wusste, dieses Geläut erklang ihr zu Ehren, und es war bis hierher, in die Kapelle des Stuttgarter Schlosses zu hören. Weras Gedanken gingen zurück zu den vergangenen aufregenden Wochen.

Mit einer Mischung aus Stolz, Vorfreude, aber auch Beklommenheit hatte sie erlebt, wie Tante Olly und Onkel Karl die offiziellen Hochzeitsvorbereitungen in Gang setzten. Zuerst wurden die Eltern in Petersburg über die geplante Heirat informiert. Wie sehr freute sich Wera über die zustimmende Antwort: *Gebe Gott, dass Eugen Wera glücklich macht. Von ganzem Herzen wünschen wir dem jungen Paar für die Zukunft alles Gute,* so schrieben die Eltern zurück. Nun stand den großen Feierlichkeiten nichts mehr im Wege. Wera war ganz gerührt, als sie merkte, wie glücklich Tante Olly angesichts der bevorstehenden Hochzeit war.

Einige Tage später fand Wera einen Brief ihrer Tante an deren Freundin Marie von Wächter. Offensichtlich war sie beim Schreiben unterbrochen worden. So war die Post noch nicht einkuvertiert und lag offen auf dem Schreibpult. Wera konnte ihre Neugierde nicht zügeln. Sie warf einen kurzen Blick auf das Geschriebene. Nachdem sie gesehen hatte, dass hier von ihr selbst die Rede war, las sie interessiert weiter. Dort stand in Tante Ollys steiler Schrift:

Meine liebe Marie! Furchtlos und treu, ja treu im Glauben an eine unendlich gütige Vorsehung, die durch das Leben führt. Heute ist diesem Haus Heil widerfahren. Unser Sorgenkind nun glückselige Braut, liebend und geliebt! Von einem solchen Glück habe ich nicht geträumt. Eugen ist schon wie ein Sohn für den König. Ich falte die Hände und danke Gott Tag und Nacht für so viel Segen. Ihr Herz, liebe Marie, fühlt mit uns. Ihre Kinder umarmend. Olly

Wera musste kurz schlucken, dann spürte sie Tränen der Rührung in ihren Augen. Noch nie hatte Tante Olly ihre Liebe und Fürsorge ihr gegenüber so deutlich in Worte gefasst. Ganz offensichtlich war die Tante überzeugt, dass diese Ehe mit Eugen der richtige Weg war. Wenn Tante Olly so glücklich und dankbar war über ihre anstehende Hochzeit, dann wollte sie sich auch freuen und alle zweifelnden Fragen zur Seite schieben.

Mit Aufregung und Spannung sah Wera dem großen Tag entgegen. Das Aussuchen der edlen Stoffe für ihr Hochzeitskleid und die vielen Anproben genoss Wera zunächst, denn Tante Olly wollte stets das Beste und Edelste für sie. Das moderne, ausladende Hochzeitskleid mit den vielen Volants sah auch wirklich wunderschön aus. Wera konnte sich an ihrem Spiegelbild nicht satt sehen. Bald wurden die Hochzeitsvorbereitungen jedoch zu einer großen Geduldsprobe. Im ganzen Schloss gab es kein anderes Thema mehr. Hinzu kam die Aussteuer, die für Wera ausgesucht und genäht werden musste. Das Schloss glich einem Bienenstock. Überall surrten die Nähmaschinen. Fremde Menschen gingen aus und ein. Man fand kein ruhiges Plätzchen mehr. Für Tante Olly schien ein Traum in Erfüllung zu gehen. Sie war in ihrem Element und schien plötzlich keine Müdigkeit mehr zu kennen. Von allem wählte sie stets das Wertvollste aus, zumal Großfürst Konstantin für die standesgemäße Aussteuer seiner Tochter aufkommen musste. Wera musste neben dem Hochzeitskleid noch diverse Ballkleider anprobieren und die verschiedenen Stoffe, welche die Tante ausgewählt hatte, begutachten. Ein Glück, dass ihr Sophie, ihre liebe Freundin, wie immer treu zur Seite stand. Sie fand stets die richtigen Worte, um Wera aufzumuntern. Doch manchmal wurde ihr alles zu viel. Sie konnte einfach nicht mehr. So fand sie

Sophie eines Tages weinend auf ihrem Bett. Vorsichtig kam sie näher und fragte erschrocken:

„Wera, du Arme, kann ich helfen. Was ist denn passiert?"

Wera setzte sich auf und trocknete ihre Tränen.

„Ach Sophie, ich kann dieses Theater nicht mehr ertragen. Ich komme mir vor wie eine Ankleidepuppe, die ständig neue Kleider präsentieren muss. Seit Tagen hatte ich keine Möglichkeit mehr, nach meiner Valeska zu sehen."

„O ja, Heiraten ist nicht einfach. Wie heißt es so schön: Erst die Arbeit, dann das Vergnügen. Aber du wirst sehen, es wird wunderbar werden."

„Ich brauche einfach einmal Ruhe und Abstand. Ich halte dieses Irrenhaus nicht mehr aus. Es macht mich noch wahnsinnig."

Sophie nickte verständnisvoll.

„Wie gut ich dich verstehen kann."

„Sophie, du musst mir helfen. Ich muss hier raus."

Die Freundin dachte kurz nach, dann antwortete sie:

„Ich werde deiner Tante mitteilen, dass du unpässlich bist. Dafür hat sie Verständnis. So kannst du ganz für dich sein. und in Ruhe mit Valeska ausreiten."

Überschwänglich umarmte Wera Sophie.

„Was für eine gute Idee. Hab vielen Dank. Ich werde diesen Nachmittag genießen."

Schnell zog sich Wera mit Hilfe ihrer Kammerzofe um und ließ ihre Stute satteln.

Nach einigen Stunden kam sie mit neuer Energie zurück und konnte sich wieder mit ganzer Kraft und der nötigen Geduld den ungewohnten Aufgaben widmen.

Nachdem sie diese Fluchtmöglichkeit vor den Hochzeitsvorbereitungen für sich entdeckt hatte, zog sie sich öfters zu einem Ausritt zurück. Nun konnte sie den ganzen Trubel viel leichter ertragen. Wera war Sophie dankbar, dass sie ihr auf diese Weise geholfen hatte, die Zeit vor der Heirat zu überstehen.

Eine ganz besondere Freude war es, dass Weras Eltern und sogar Zar Alexander aus Petersburg ihre Teilnahme an den Festlichkeiten ankündigten. Mit großer Genugtuung registrierte Wera, dass der Zarenhof ihr die übliche Mitgift einer Zarenenkelin zusprach. Die Verbindung nach Petersburg war doch nicht ganz abgebrochen. Es war ein gutes Gefühl, dass sie nun als reiche Frau in die Ehe ging, finanziell unabhängig von allen pekuniären Unwägbarkeiten.

Die aufregenden Hochzeitsvorbereitungen ließen Wera immer weniger Raum für Fragen. Einmal in Gang gebracht, ließ sich das Prozedere der Heirat nicht mehr aufhalten. In der allgemeinen Geschäftigkeit hatte Wera überhaupt keine Zeit mehr zum Nachdenken. Gestern Abend jedoch, als sie zum letzten Mal hier im Schloss in ihrem Zimmer lag, bevor sie heute mit ihrem Ehemann die ersten gemeinsamen Tage und Nächte als Ehepaar in der Villa Berg verbringen würde, war ihr doch bang gewesen. Was würde der morgige Tag bringen? Wie würde ihre Zukunft an Eugens Seite aussehen? Immer wieder wälzte sie sich in ihrem Bett unruhig von einer Seite zur anderen. An Schlaf war nicht zu denken. Wera spürte, wie die Aufregung durch all ihre Glieder kroch und ihre Gedanken immer mehr von Panik beherrscht wurden.

Erst spät war sie schließlich in einen unruhigen Schlaf gefallen.

Laute Trompetenmusik brachte Wera wieder zurück in die Gegenwart, hierher in die Kapelle des Schlosses. Sie lauschte den Fanfaren, welche die Trauzeremonie begleiteten. Jetzt richteten sich ihre Gedanken konzentriert auf die Worte, die vor dem Altar gesprochen wurden.

„Ja, und Gott helfe mir!" beantwortete sie kurz darauf mit fester Stimme die Frage des Pfarrers. Auch Herzog Eugen antwortete mit denselben Worten. Dann ergriff er Weras Hand, und der Pfarrer segnete ihren Ehebund. Wera atmete auf. Nun gab es kein Zurück mehr. Die Entscheidung war endgültig. Sie wollte mit festem Schritt an der Seite ihres Ehemanns in die Zukunft gehen. Gemeinsam würden sie ihr Leben gestalten. Der heutige Tag sollte ein Freudentag werden, der für alle unvergesslich war.

Dafür, dass er nicht nur für die Festgesellschaft ein großer Tag wurde, hatte Wera bereits gesorgt. Auch für die Stuttgarter Bevölkerung sollte diese Hochzeit ein Anlass zur Freude sein. Nach der Trauung präsentierte sich die Hochzeitsgesellschaft auf dem Balkon des Schlosses. Die Stuttgarter jubelten Wera und Eugen zu. Die Begeisterung, die dem frischvermählten Paar entgegengebracht wurde, rührte Wera zu Tränen.

„Aber, Wera, Tränen am Hochzeitstag?" Eugen beugte sich besorgt vor und wischte vorsichtig über Weras Wimpern. „Heute soll doch ein Freudentag sein." Wera lachte:

„Das ist es doch auch. Ich freu' mich so sehr, dass mir Freudentränen kommen. Ich bin gerührt, dass sich meine

Stuttgarter mit mir so freuen. Wenn ich jemals Zweifel hatte, ob ich hierher gehöre, dann sind sie heute für alle Zeiten ausgeräumt." Strahlend schaute Wera ihren Ehemann an. Immer wieder winkte sie der jubelnden Menge zu. „Ach Eugen, ich bin so glücklich, es zerreißt mich fast vor Freude." Eugen griff nach Weras Hand.

„Wenn dir die Menschen hier so viel Liebe entgegenbringen, bin ich richtig froh, dass dieses Kriegswaisenheim gebaut wird." Wera nickte eifrig:

„Wie gut, dass so viele Spenden zusammengekommen sind. Ich freue mich unbändig, dass unser Hochzeitstag nun auch der Tag der Grundsteinlegung für dieses Heim ist. Was für ein denkwürdiges Ereignis."

„Meine Wera hat immer ein Herz für andere. Du bist einfach ein Schatz." Wera freute sich über die lieben Worte Eugens. Dieser fuhr fort: „Aber heute ist unser Hochzeitstag. Lass uns diesen Tag genießen." Zärtlich küsste er sie. Wera strahlte Eugen an. Wie schön würde es sein, gemeinsam miteinander durchs Leben zu gehen! Aber jetzt wurde erst einmal gefeiert, ein Fest das für immer in die Annalen der Stadt eingehen sollte.

Ludwigsburg August 1875

Ein kleines Kind ist ein Wunder des Lebens,
eine Quelle der Freude,
ein wahrer Segen
und ein Geschenk Gottes.

Liebevoll betrachtete Wera den kleinen Karl Eugen in ihrem Arm, der friedlich schlief. Ihn schienen die rüttelnden Bewegungen der Kutsche nicht zu stören. Sanft strich sie mit dem Rücken ihres Zeigefingers über seine Wange. Die Babyhaut fühlte sich unendlich zart an. Sie gab dem Kleinen vorsichtig einen Kuss auf die Stirn. Wie so oft, wenn sie ihr Baby im Arm hielt, wurde sie von einem unfassbaren Glücksgefühl überrollt. Sie konnte dieses kleine Wunder in ihren Armen kaum begreifen. Freude und Stolz schienen ihr Herz fast in Stücke zu reißen. Voller Staunen betrachtete sie die feinen Finger, streichelte über die kleine Ohrmuschel und berührte den zarten Haarflaum auf dem Kopf. Tränen der Rührung und des Glücks stiegen in ihr auf. Es fiel ihr schwer, die Liebe zu ihrem Kind in Worte fassen, aber sie war dankbar für dieses Geschenk in ihren Armen.

Der Kleine verzog schlafend den Mund zu einer Schnute und schmatzte. Wera musste lachen.

„Er ist einfach zu süß. Ich glaube, er ist das allerschönste Kind, das ich je gesehen habe, nicht wahr? Aber es geht wohl jeder Mutter so, dass sie nur noch Augen für ihr eigenes Kind hat“, wandte sich Wera mit leisen Worten an die Amme, die ihr gegenüber in der Kutsche saß.

Die Frau nickte freundlich.

„Das ist offenbar so und von unserem Schöpfer auch wohlweislich so eingerichtet. Die Kleinen brauchen dringend Zuwendung und Liebe in dieser harten, unbarmherzigen Welt. Doch ich stimme Eurer Hoheit zu: Er ist wirklich ein ganz besonders schönes Kind, unser Egilein."

„In seiner herzigen Ulanenuniform sieht Klein-Egi aber auch allerliebst aus", antwortete Wera und konnte den Stolz in ihrer Stimme nicht verbergen.

In diesem Augenblick fuhr die Kutsche über einen Stein. Die heftige Bewegung ließ den Kleinen zusammenzucken. Er erschrak und fing an zu weinen. Fragend schaute Wera die Amme an:

„Schade, jetzt wurde er unsanft aus dem Schlaf gerissen. Doch es ist wohl Zeit für seine nächste Mahlzeit. Er wird Hunger haben." Wieder nickte die Amme und nahm Wera behutsam das Kind aus den Armen, um es zu füttern.

Wera blickte aus dem Fenster der Kutsche. Die Sonne stand hoch am Himmel und brannte unbarmherzig herab auf Menschen, Tiere und Pflanzen. Auf den Feldern waren die Bauern bei der Heuernte. Sie schauten auf, als die vornehme Kutsche des württembergischen Königshauses vorbeifuhr. Aber nur kurz unterbrachen sie ihre Arbeit, um sogleich mit ihrer anstrengenden Tätigkeit fortzufahren. Sie konnten sich keine lange Pause leisten. Die Schwalben flogen sehr niedrig. Lange würde das gute Wetter nicht anhalten. Sie mussten diesen Sommertag nutzen, um das Heu vor dem nächsten Regen in die Scheune einfahren zu können. Wera strich sich den

Schweiß von der Stirn. Es war ein schwüler Tag heute. Hoffentlich gab es kein Gewitter, bevor sie wohlbehalten in Ludwigsburg angekommen waren. Sie schaute sorgenvoll gen Himmel. Kein Wölkchen war zu sehen. Nein, nach einem Gewitter in den nächsten Stunden sah es wirklich nicht aus.

Wera schloss die Augen. Die schaukelnden Bewegungen der Kutsche, die Wärme und die schmatzenden Geräusche von Karl Eugen hatten eine beruhigende Wirkung. Ihre Gedanken gingen zurück zu den vergangenen Monaten. Was hatte sie alles erlebt seit der großen Hochzeit im Mai letzten Jahres!

In der Villa Berg, einem von Weras Lieblingsorten in Stuttgart, hatten sie nach der Rückkehr von ihrer Hochzeitsreise einen Seitenflügel bezogen. So waren sie als kleine Familie für sich und konnten den Majestäten jederzeit einen Besuch abstatten. Wera fühlte sich dort glücklich. Der weite Blick über die Stadt und über den vorbeifließenden Neckar war wunderschön. Die herrlichen Wälder und der große Park boten unzählige Möglichkeiten für Spaziergänge und Ausritte. Eugen ging vormittags und nachmittags seinen Verpflichtungen nach. Das Essen nahm er mit Wera gemeinsam ein, und abends genossen sie es, im Schein der untergehenden Sonne im Freien zu speisen. Nicht in ihren kühnsten Träumen hätte sich Wera vorstellen können, dass das Leben an der Seite Eugens so schön sein könnte. Wera konnte ihr Glück kaum fassen. Es war ihr, als wäre ihr ganzes Leben plötzlich zu einer Reihe schöner Erlebnisse geworden, wie eine Kette, deren Perlen immer leuchtender wurden, je länger man sie betrachtete.

Gerne wollte Wera ihre Adoptiveltern an ihrem Glück teilhaben lassen. Tante Olly sollte miterleben, wie gut es ihnen als Ehepaar ging. Daher lud sie einige Wochen nach dem prunkvollen Hochzeitsfest die Majestäten, die den mittleren Flügel der Villa bewohnten, zu einem Besuch ein. Tante Olly und Onkel Karl genossen es sichtlich, dass Wera und Eugen mit ihnen Tür an Tür lebten. Das Königspaar war daher hocherfreut über die Einladung zum gemeinsamen Mittagessen.

Fröhlich begrüßte Eugen die Gäste.

„Herzlich willkommen, Schwiegertante und Schwiegeronkel!"

„Wie schön, bei euch eingeladen zu sein, mein Herzenseugen", antwortete Tante Olly lachend. Dann betrachtete sie Wera prüfend.

„Wie geht es dir, mein Kind? Behandelt dich dein Eugen auch gut? Du scheinst ein wenig blass um die Nase." Wera spürte, wie sie errötete. Onkel Karl half ihr aus ihrer Verlegenheit.

„Aber Olga, lass doch die Kinder in Frieden. Eugen berichte, was macht dein Bataillon?"

Genüsslich saßen sie einige Zeit später im Gartensaal und aßen eine schwäbische Flädlessuppe. Wera liebte diese Spezialität über alles. Wenn es Christoph Eisenmann, ihrem vorzüglichen Koch, so wie heute gelang, die Pfannkuchen hauchdünn auszubacken, um sie anschließend in schmale Streifen zu schneiden, so dass sie die Fleischbrühe als Suppeneinlage verfeinerten, konnte sie nicht widerstehen. Sie musste sich noch einen Teller Suppe gönnen.

„Na, Eugen", spitzbübisch lachte sie ihren Ehemann an, „wenn du so eine wundervolle Flädlessuppe kredenzt bekommst, dann musst du zugeben, dass der Entschluss, hierher nach Stuttgart zu heiraten, eine ausgesprochen gute Entscheidung war. Mit einer solch leckeren Vorspeise kann die schlesische Küche doch nicht konkurrieren." Eugen schmunzelte gutmütig. Dann wandte er sich an Tante Olly:

„Typisch Wera. Sie denkt nur ans Essen. Aber sie hat natürlich recht. Ich habe die Heirat nicht bereut. Nicht nur wegen der guten schwäbischen Küche." Er schaute Wera tief in die Augen." Mit einer solch liebevollen Frau an meiner Seite kann es mir doch nur gut gehen!"

Wera versuchte ihre Verlegenheit zu überspielen und strich ihren Rock glatt.

„Ich muss ja zugeben, unser Koch ist ein außerordentlicher Glücksgriff, aber schlank machen seine Kochkünste wirklich nicht."

„Aber, meine Liebe, von dir kann ich einfach nicht genug haben. Mach dir keine Sorgen: Ich möchte nicht nur ein bisschen Wera. Je mehr ich von dir vor mir sehe, desto glücklicher bin ich." Charmant küsste Eugen Wera auf die Wange. Wera wurde rot und schaute verlegen Tante und Onkel an. Sie merkte erleichtert, dass die beiden dem Geplänkel vergnügt gefolgt waren und die gegenseitigen Neckereien mit ausgelassenem Lachen quittierten.

Nach der Suppe wurden schwäbische Spätzle und Wild serviert. Das Reh stammte aus den Wäldern rund um die Villa Berg und schmeckte köstlich. Onkel Karl lehnte sich genüsslich zurück und erhob sein Glas.

„Kinder, was geht es uns gut. Erlaubt mir, dass ich einen Toast ausbringe auf euer junges Glück."

Alle griffen nach ihren Weingläsern und stießen an. „Möge es immer so bleiben“, ergänzte Eugen. Wera nickte bekräftigend.

Nach dem Dessert erhob sich Onkel Karl.

„Ich werde mich zurückziehen, meine angegriffene Gesundheit verlangt nach einer Mittagsruhe. Ich wünsche allseits noch einen guten Tag, ihr Lieben.“ Wera sah, wie Tante Olly unwillig die Augenbrauen hob.

„Karl, es eilt doch nicht. Ich möchte noch ein wenig die schöne Mittagssonne hier im Gartensaal genießen.“ Dann schaute sie Wera besorgt an. „Kind, du siehst wirklich etwas unpässlich aus.“

Wera nickte

„Du hast recht, Tantchen. Ich fühle mich heute nicht wohl. Ich werde mich auch zurückziehen.“

Tante Olly wandte sich an Eugen:

„Dann werden wir beide wohl das köstliche Essen gemeinsam ausklingen lassen, liebster Schwiegerneffe.“

„Ein Gläschen Portwein wäre jetzt ganz nach meinem Geschmack, Tantchen. Was meinst du. Wäre dir das auch recht?“

„Gerne, nach einem guten Essen gehört er doch dazu, nicht wahr?“ Eugen hatte bereits geklingelt, um das Getränk zu ordern.

Während Wera das Zimmer verließ, hörte sie, wie Tante Olly sich an Eugen wandte.

„Jetzt, da wir so ganz unter uns sind, mein Lieber, hätte ich ein Anliegen mit dir zu besprechen.“ Wera blieb hinter der angelehnten Tür stehen. Was gab es denn Geheimes zu besprechen? Unbedingt musste sie wissen, was Tante Olly hinter ihrem Rücken mit Eugen bereden wollte. Wera lauschte und hörte die Stimme ihrer Tante.

„Mein lieber Eugen, du weißt, wie sehr ich dich schätze und wie froh ich über eure Heirat bin. Ich danke dir, du machst meine liebe Wera glücklich. Ihre Augen strahlen wie Sterne am Himmel, und das ist dein Verdienst. Es ist so schön, euch als liebendes Paar zu erleben."

Wera nickte. Ja, das Leben an der Seite Eugens war wirklich so schön, dass sie wünschte, es würde sich niemals mehr etwas ändern. Manchmal würde sie am liebsten die Zeit anhalten.

„Ich danke dir, liebste Schwiegertante." Wera hörte, wie Eugens Stimme angesichts des Lobes fast verlegen klang. „Wera ist eine liebenswerte, herzensgute Frau. Ihre Klugheit beeindruckt mich immer wieder, ebenso ihre Fröhlichkeit und Unbekümmertheit. Das Leben ist sehr gut zu uns. Auch unsere Wohnung hier in der Villa Berg ist wunderschön."

„Ich weiß, mein Lieber, dass Wera in dir einen liebevollen treuen Freund sieht, zu dem sie bewundernd aufblickt." Jetzt klang Olgas Stimme strenger. „Enttäusche sie nicht, mein Lieber. Mir ist sehr wohl bekannt, dass das Leben unter euch Offizieren auf Manövern so manche Freiheiten beinhaltet, ja dass die Sittlichkeit öfters auf der Strecke bleibt. Verletze mein liebes Kind nicht, nicht schon jetzt im ersten Jahr ihrer Ehe, indem du dich mit anderen Frauen vergnügst. Ich bitte dich inständig."

Von ihrem Beobachtungsplatz aus sah Wera durch die Tür, wie ihr Ehemann flammend rot wurde. Dann beruhigte er die Tante.

„Aber, liebe Tante, keineswegs. Was denkst du von mir? Selbstverständlich wird mein Verhalten meinem Stand angemessen sein. Ich weiß sehr wohl, was von mir erwartet wird.“

Wera spürte Übelkeit aufsteigen. Wovon redete die Tante. Sie war doch glücklich in ihrer Ehe. Verheimlichte ihr Eugen etwas? Schnell verließ sie ihren Posten und eilte in ihr Schlafgemach, um sich auszuruhen. Auf gar keinen Fall wollte sie auf ihrem Beobachtungsposten entdeckt werden. Doch die Worte der Tante verfolgten sie den ganzen Nachmittag. Bestimmt war alles ein Missverständnis. Sie nahm sich vor, Eugen einmal auf den Zahn zu fühlen, wenn sich eine passende Gelegenheit ergab.

Wera hatte keine Möglichkeit, über das Gehörte länger nachzudenken. Aufregende Neuigkeiten, die ihr Leben grundlegend verändern würden, ließen alles andere in den Hintergrund treten. Einige Tage später bestätigte der Leibarzt Dr. Hausmann, was sie selbst schon vermutet hatte: Ihre häufige Übelkeit hatte einen Grund: Sie erwartete ein Kind. Als der Arzt Tante Olly im Beisein von Wera die frohe Botschaft mitteilte, umarmte sie Wera.

„Kind, dass du mir diese Freude machst! Ich, der die Freuden der Mutterschaft versagt geblieben sind, werde Großmutter. Liebste Wera, dass ich das erleben darf.“ Tränen der Rührung standen in Tante Ollys Augen.

An die Geburt erinnerte sich Wera nur vage. Die Schmerzen hatten sie mit einer solchen Wucht getroffen, dass sie ihre Umgebung nur wie durch einen Schleier wahrgenommen hatte. Aufgeregte Menschen hatten um ihr Bett gestanden, und sie selbst hatte ihre ganze Kraft für die Geburt gebraucht. Sie war nicht in der Lage gewesen, sich auf etwas anderes zu konzentrieren. Als sie hinterher völlig erschöpft in ihrem Bett lag, hatte ihre Hofdame, Gräfin von Taube, ihr kurz das Neugeborene gezeigt mit den Worten: „Hoheit, Sie wurden soeben von einem gesunden Sohn entbunden. Er ist der Kronprinz von Württemberg. Herzlichen Glückwunsch."

Wera hatte nur müde genickt, und Frau von Taube war mit dem Kind verschwunden. Sie selbst war vor Erschöpfung in einen tiefen, traumlosen Schlaf gefallen.

Nie hätte sich Wera vorstellen können, dass dieses Söhnchen ihr so viel Freude bereiten würde. Ein kleiner Wehmutstropfen in ihrem Glück war, dass Eugen im Rahmen seiner Aufgaben als Offizier immer wieder für längere Zeit unterwegs war. Dann sahen sich Wera und Eugen oft wochenlang nicht. Jetzt war Eugen sogar an seinem Geburtstag in Ludwigsburg bei der Garnison. So hatte Wera beschlossen, ihn zu überraschen. Ob er sich wohl über den unerwarteten Besuch freuen würde?

„Hoheit, wir sind jetzt am Stadttor Ludwigsburg", drang die Stimme der Amme an ihr Ohr. „Wir werden gleich vor den Offizierswohnungen anhalten." Wera öffnete die Augen. Tatsächlich, sie waren gleich am Ziel. In der Ferne konnte sie bereits die beeindruckende Fassade des Ludwigsburger Schlosses erkennen. Sie rückte ihren Hut zurecht und strich ihren Rock glatt. Die Amme hatte den Kleinen gefüttert. Jetzt lag er wieder friedlich in ihren Armen und schaute neugierig um sich. In seinem Mundwinkel hing noch ein kleiner Tropfen Milch. Ganz sanft, um das Baby nicht zu erschrecken, tupfte ihn

Wera ab. Dann strahlte sie den Kleinen an, und Klein-Egi verzog seinen Mund zu einem reizenden Babylachen.

„Er hat gelächelt, Auguste, er hat mich angelächelt. Zum ersten Mal hat mein kleiner Karl-Eugen mich angelacht. Haben Sie es auch gesehen?" Wera war ganz aufgeregt angesichts dieses denkwürdigen Ereignisses. Es war ihr, als wäre die Sonne heute zum zweiten Mal ganz für sie alleine aufgegangen. Die Amme antwortete freundlich:

„Ja, Hoheit. Natürlich habe ich es gesehen. Wie schön. Das erste Lächeln, ausgerechnet heute."

„Was für ein wunderbares Geschenk zum 29. Geburtstag meines Mannes. Wenn das kein gutes Zeichen für unsere Zukunft ist. Nicht nur, dass wir ihn mit unserem Geburtstagsbesuch überraschen, jetzt darf er auch dieses ganz besondere Ereignis, das erste Lächeln seines Sohnes, miterleben."

„Ja, Egilein ist in den letzten Wochen sehr gewachsen. Er hat sich großartig entwickelt. Was für ein ganz besonderes Kind Sie haben, Hoheit!"

Wera konnte es kaum erwarten, die wunderbare Nachricht ihrem Ehemann mitzuteilen.

Die Kutsche hielt an. Der Kutscher öffnete kurze Zeit später die Tür. Offensichtlich war die Ankunft des herzoglichen Reisegefährtes nicht verborgen geblieben. Der Kammerdiener begrüßte Wera ehrerbietig und geleitete sie in Eugens Appartement. Dieser kam ihr strahlend entgegen.

„Wera, Liebste, was für eine wunderbare Geburtstagsüberraschung. Wie schön, dass ihr gekommen seid!" Liebevoll nahm Eugen Wera in den Arm und küsste sie auf den Scheitel. Dann wandte er sich seinem Sohn zu, der vom Arm seiner Amme aus die Umgebung neugierig musterte.

„Groß ist er geworden, unser Karl Eugen. Was für eine reizende Idee, Wera, ihn als kleinen Soldaten zu kleiden." Wera errötete vor Freude über das Lob ihres Mannes.

„Die Ulanenuniform steht ihm doch, nicht wahr? Man merkt ihm einfach an, dass in ihm Offiziersblut fließt. Wir werden ihn schon früh an seine zukünftigen Aufgaben heranführen."

„Ganz sicher, meine Liebe. Aber heute wollen wir feiern. Ich werde sofort eine Festmahlzeit für uns ordern."

Liebevoll schaute Wera von ihrem Ehemann zu ihrem Sohn. Was für eine wunderbare Familie war ihr geschenkt worden. Welch unverdientes Glück durfte sie erleben! Sie konnte nicht anders, noch einmal musste sie ihren Klein-Egi liebkosen. Diesem schien es in der neuen Umgebung nicht zu gefallen. Er wurde unruhig und begann lautstark zu schreien. Unverzüglich reagierte Auguste.

„Die Fahrt und die ungewohnte Umgebung machen den Kleinen nervös. Er braucht jetzt seine Ruhe." Wera nickte der Amme zu, die sich mit Klein-Egi zurückzog dann wandte sie sich an Eugen:

„Wie schön, ein paar Stunden gemeinsam zu haben." Eugen schaute sie glücklich an.

„Es ist das schönste Geburtstagsgeschenk, das du mir machen konntest. Jetzt werden wir zuerst einmal gemeinsam dinieren."

„Gerne, Eugen. Nach dem Essen möchte ich im Schlossgarten flanieren. Ach, ich liebe die Schlossanlagen hier in Ludwigsburg."

„Ja, der Garten hier ist etwas ganz Besonderes, so wie du auch etwas ganz Besonderes bist. Du hast mir so gefehlt. Danke, dass ihr gekommen seid."

Am späten Nachmittag machte sich die herzogliche Reisegesellschaft wieder auf Richtung Stuttgart, um noch vor Einbruch der Dämmerung anzukommen. Müde und glücklich saß Wera in der Kutsche.

„Was war das für ein ausgefüllter Tag heute, Auguste. Eugen hat sich so gefreut über unseren Geburtstagsbesuch und natürlich über unser Egilein."

„Er ist ja auch einfach zu süß, unwiderstehlich der Kleine. Sie haben allen Grund stolz zu sein, Hoheit", bekräftigte Auguste.

Bebenhausen Oktober 1875

Was gleicht wohl auf Erden dem Jägervergnügen?
Wem sprudelt der Becher des Lebens so reich?
Beim Klange der Hörner im Grünen zu liegen
Den Hirsch zu verfolgen bei Dickicht und Teich
Ist fürstliche Freude, ist männlich Verlangen
Erstarket die Glieder und würzet das Mahl.

(Carl Maria von Weber aus: Der Freischütz)

Die Klänge der Jagdhörner waren verklungen. Die letzten Sonnenstrahlen ließen die herbstlichen Blätter in warmen goldgelben und rostbraunen Farbtönen leuchten. Verschwenderisch verteilte der Wald seine Früchte. Bucheckern und Eicheln bedeckten den Boden, an den Sträuchern glänzten rote, gelbe und violette Beeren. Die Feuchtigkeit war längst durch Weras Jacke gedrungen, doch sie spürte die klamme Kälte kaum. Viel zu sehr war sie überwältigt von der Schönheit und dem eindrücklichen Erlebnis dieses Herbsttages. Ein wunderbarer Jagdtag lag hinter ihr.

„Wie ist das Leben schön", seufzte Wera, „fast zu schön, um wahr zu sein. So viel Glück habe ich gar nicht verdient."

Jetzt versammelten sich die Jäger auf ihren Pferden in einem Halbkreis, um stolz ihre Beute zu betrachten. Aufrecht saß Wera auf ihrer Stute, die laut schnaubte und ihre Mähne schüttelte. Wera spürte die Wärme des Pferdrückens und die sanften Bewegungen des Tieres. Sie tätschelte den Pferdehals.

„Brav warst du heute, Valeska“, murmelte sie leise. „Diese großartigen Tage werden wir wohl beide so schnell nicht vergessen. Wer weiß, wann wir wieder einmal so eine Jagd erleben werden.“

Dann ließ sie ihren Blick über die Reihe der Jäger schweifen. Sie blieb bei Onkel Karl hängen, schaute ihn dankbar an und nickte ihm zu. Mit dieser Jagd hatte der König ihr eine große Freude bereitet. Wera war sich bewusst, dass Onkel Karl ihre Begeisterung nicht teilte. Doch angesichts des Glückes, das nach der Geburt des kleinen Thronfolgers im Stuttgarter Schloss herrschte, hatte der König beschlossen, Wera und Eugen einen Herzenswunsch zu erfüllen. Die beiden mussten nicht lange überlegen. Reiten und Jagen war eine Leidenschaft, die sie verband. Das Jagdschloss des Königs lag idyllisch im Bebenhausener Wald und wurde, nach Weras Meinung, viel zu selten benutzt. So lag es nahe, Onkel Karl um einen zweiwöchigen Jagdaufenthalt hier zu bitten, mit einer Parforcejagd als Höhepunkt.

Wera richtete sich auf und blickte stolz um sich. Was für ein imposantes Bild bot sich ihr: Die Jäger in ihren Uniformen, die Pferde, aus deren Nüstern der Atem dampfte und das erlegte Wild, das vor der Jagdgesellschaft auf dem Waldboden ausgebreitet lag. Die Menge der Tiere bewies, was für ein erfolgreicher Tag heute gewesen war. Weras Gedanken gingen für einen Augenblick zu ihrem kleinen Egilein, der wohlbehütet bei seiner Amme in Stuttgart geblieben war. Dieses Kind bedeutete eine Quelle der Freude für die ganze Familie. Es war wie ein Sonnenstrahl für das Stuttgarter Schloss. Weras Augen suchten den Blick ihres Ehemannes, der in seiner Jagduniform eine imponierende Figur abgab. Sicher war auch er beeindruckt von dem großartigen Erlebnis dieses Tages. Doch Eugen schien sie gar nicht wahrzunehmen. Er schaute in eine ganz andere Richtung. Weras Versuche, seine Aufmerksamkeit zu erlangen, schlugen fehl. Sie war verwirrt. Was fesselte wohl so sehr seine Aufmerksamkeit? Plötzlich fiel Weras Blick auf die junge Charlotte von Hohenstein, die mit strahlenden Augen ihren Eugen anhimmelte. Dieser erwiderte gebannt ihren Blick. Die Spannung, die sich zwischen beiden aufbaute, knisterte fast greifbar in der Luft. Beide schienen die Welt um sich herum vergessen zu haben und nur noch sich selbst wahrzunehmen. Langsam ritt Eugen auf Charlotte zu und ließ sein Pferd neben dem ihrigen anhalten. Sie standen nun so nahe beieinander, dass sich ihre Knie berührten. Fast wie zufällig strich Eugen über Charlottes Schenkel.

Wera biss sich auf die Lippen. Was für ein Affront! Wie konnte Eugen so öffentlich seine Zuneigung zu dieser jungen Komtess zeigen! Wera war wütend. Sie verstand nicht, was in ihren Ehemann gefahren war. Beide hatten sie sich so sehr auf diese Jagd gefreut. Nun wollte sie ihre Freude und ihren Stolz über den Jagderfolg mit ihm teilen, doch Eugen teilte seine Begeisterung ganz offensichtlich mit diesem jungen Mädchen. Mit versteinertem Gesicht versuchte Wera Haltung zu bewahren.

Die Jagdhörner bliesen zum Abschluss der Jagd. Die Gesellschaft zog sich zurück, um sich auszuruhen und sich in einigen Stunden zum gemeinsamen Mahl wieder zu treffen. Mit eisigem Gesicht ritt Wera zum Schloss zurück, übergab die Zügel dem Stallknecht und eilte in ihren Schlafraum. Rasch entledigte sie sich ihrer Reitkleidung und legte sich aufs Bett. Auf das Klopfen der Kammerzofe gab sie keine Antwort, sie brauchte jetzt ihre Ruhe. Erschrocken nahm sie wahr, wie schnell sich dunkle Wolken vor ihr bis vor wenigen Minuten scheinbar ungetrübtes Glück geschoben hatten. Wie kann sich Freude so schnell in Empörung und Zorn wenden? fragte sich Wera verzweifelt. Sie fühlte die Tränen in ihren Augen. In ihrem Kopf überschlugen sich die Gedanken: Zunächst verspürte sie nur Wut auf ihren Ehemann und diese Charlotte. Wera war tief verletzt, dass sie sich in der Öffentlichkeit so kompromittierend verhalten hatten. Sie ballte ihre Hände zu Fäusten und schlug immer wieder auf das Kissen. Sie würde sich ein solches Verhalten nicht bieten lassen. Diese hergelaufene Komtess würde ihren Eugen nicht bekommen, das schwor sie sich. Aber was sollte sie tun?

Wie eine Welle überrollte sie plötzlich die Erinnerung an ihre Eltern vor vielen Jahren in Petersburg. Lange hatte sie jene schlimmen Szenen im Schloss verdrängt. Aber heute waren sie in Weras Kopf präsent, als wäre es gestern gewesen. Sie sah ihre Mutter Alexandra, wie sie tobte, schrie und weinte, weil ihr Vater Konstantin wieder einmal einer der Kammerzofen schöne Augen gemacht hatte. Es blieb damals nicht bei der einen unschönen Auseinandersetzung. Immer wieder war es zu Streitereien zwischen den Eltern gekommen wegen irgendwelcher Liebeleien des Vaters. Wera war als kleines Kind zu Tode erschrocken, als sie einmal miterleben musste, wie ihre Mutter versuchte, dem Vater eine der wertvollen

Mosaikvasen an den Kopf zu werfen. Zum Glück hatte sich Konstantin geistesgegenwärtig gebückt, und das teure Stück war an der Wand zerschellt. Doch der Schreck war Wera so in die Glieder gefahren, dass sie wochenlang nachts von Alpträumen geplagt worden war. Nie hatte sie irgendjemandem erzählt, wie sehr sie die ständigen Streitereien der Eltern belasteten.

In Stuttgart war die Erinnerung daran allmählich verblasst. Doch heute waren jene schrecklichen Szenen wieder glasklar in ihrem Kopf. Wollte sie solchen Streit ihrem kleinen Egilein zumuten? fragte sie sich erschrocken. Wera schüttelte den Kopf und vergrub ihn in ihrem Kissen. Was sollte sie nur tun? Sie dachte an Tante Olly. Da die Königin kein Interesse an der Jagd hatte, war sie zu Hause geblieben. Aber Wera wusste genau, dass Tante Olly unter dem Benehmen von Onkel Karl unsagbar litt. Dieser nahm immer weniger Rücksicht auf seine Frau und zelebrierte die Liebesbeziehungen zu seinen jeweiligen Freunden in aller Öffentlichkeit. Daher zog sich die Tante immer mehr zurück und vermied, wenn möglich, gemeinsame Auftritte mit ihrem Ehemann. Tante Olly und Onkel Karl redeten oft tagelang nur das Nötigste miteinander, wenn sie unter sich waren. Im Schloss begegneten sie sich häufig mit versteinerter Miene. Weras Pflegeltern waren ihr also auch kein Vorbild dafür, wie sie ihre Ehe gestalten wollte. Eine solch kalte Atmosphäre, wie sie sich in den letzten Jahren zwischen ihren Pflegeeltern eingebürgert hatte, wollte sie ihrem Egilein ebenfalls nicht zumuten.

Weras Kopf fühlte sich heiß an und dröhnte. Dann wieder spürte sie Kälte wie bei einem Schüttelfrost. Was sollte sie tun? Sie wollte ihr persönliches Glück, ihre kleine Familie, nicht verlieren, dessen war sie sich ganz sicher. Dazu liebte sie Egilein, aber auch ihren Ehemann viel zu sehr. Wera richtete sich in ihrem Bett auf und fuhr sich mit dem Handrücken über die Augen. Sie würde um ihr Glück und ihre Familie kämpfen, beschloss sie. Nein, sie würde nicht resignieren wie Tante Olly und sich in ihr eigenes Reich zurückziehen. Sie würde aber auch nicht kämpfen wie ihre Mutter Alexandra mit Gewalt und Geschrei. Sie wollte Eugen mit Liebe zurückgewinnen. Er musste doch merken, dass sie ihm mehr bieten konnte als diese – zugegeben ausgesprochen attraktive – Charlotte. Wera fühlte, wie ihr Herz aufgeregt klopfte. Sie liebte ihren Eugen trotz seiner Schwächen. Niemals, unter keinen Umständen, würde sie ihn hergeben. Sie klingelte ihrer Kammerzofe. Jetzt war sie bereit.

„Ich brauche mein grünes Satinkleid mit dem weiten Ausschnitt, die feinen goldenen Ohrringe mit den großen tropfenförmigen Perlen, den passenden Halsschmuck sowie die entsprechenden Haarspangen“, befahl Wera. Sie würde kämpfen, und Eugen sollte erfahren, dass sie ihn liebte, mehr als diese Charlotte dazu jemals in der Lage sein würde. Ja, sie würde Eugen ihre Liebe zeigen.

Einige Stunden später betrat Wera hocherhobenen Hauptes den Speisesaal des Schlosses. Sie spürte, wie sie die bewundernden Blicke der Gesellschaft auf sich zog. Dann nahm sie ihren Platz neben Eugen ein. Erstaunt registrierte sie, dass sie trotz des unschönen Ereignisses und der düsteren Gedanken in den vergangenen Stunden Hunger hatte. Sie genoss das köstliche Menü aus Austern, frischen Pilzen, Hirschragout, Spätzle, frischen Früchten und Käse.

Wera unterhielt sich angeregt und erklärte Eugen stolz die Figuren, die den Kronleuchter über ihrem Tisch zierten.

„Schau mal, hier oben siehst du Neptun und seine Meerjungfrauen, wie sie sich vergnügen", Wera zeigte an die Decke.

„Interessant, wie kommen denn die Württemberger auf solche maritimen Ideen? Das Meer ist doch so weit weg von Stuttgart. Unglaublich, was sich hier auf dem Kronleuchter alles tummelt", neckte Eugen.

Wera lachte und fuhr fort:

„Es gibt hier noch mehr zu sehen. Schau mal diskret die Tischbeine unserer Tafel an. Da siehst du, was sich aus den Liebeleien, die in den Armen des Leuchters eingeschnitzt sind, entwickelt hat." Neugierig beugte sich Eugen nach unten und konnte einen Lachanfall nur hinter einer Serviette in den Griff bekommen.

„Also, ich muss schon sagen, diese schwangeren Meerjungfrauen – einfach zu köstlich", lachte er.

Als sich die Herren nach der Mahlzeit ins Raucherzimmer zurückzogen, um ihre Zigarren und einen Cognac zu genießen, erhob sich auch Wera.

„Bis später, mein Neptun, ich erwarte dich in meinem Gemach", flüsterte sie Eugen ins Ohr. Dieser errötete leicht, dann antwortete er ebenso leise:

„Selbstverständlich, meine kleine Meerjungfrau", verneigte sich galant und küsste Wera die Hand. Dann folgte er König Karl ins Raucherkabinett, während sich Wera in Vertretung von Tante Olly ihren Gastgeberpflichten bei den Damen widmete und eine Tasse Kaffee sowie frischgebackenen Apfelkuchen genoss.

Stuttgart November 1875

Du kamst,
du gingst
mit leiser Spur
ein flücht'ger Gast im Erdenland
Woher? Wohin?
Wir wissen nur:
Aus Gottes Hand in Gottes Hand.
(Ludwig Uhland)

Wera lief unruhig in ihrem Zimmer auf und ab. Obwohl es Nacht war, konnte sie schon seit Stunden nicht mehr an Schlaf denken. Für die Dauer der Wintermonate waren sie in die „Akademie" umgezogen, jenen Teil des Stuttgarter Schlosses, der nach ihrer Hochzeit extra für die herzogliche Familie umgebaut worden war. Wera starrte aus dem Fenster ihres Schlafzimmers. Der Schlosspark lag in diesen frühen Morgenstunden einsam und verlassen da. Unheimlich sah er aus mit den herbstlichen Bäumen, die ihre kahlen Zweige wie drohende Arme gen Himmel hoben. Der Nebel wand sich gespenstisch um die schwarzen Äste. Die Feuchtigkeit legte sich auf den Rasen, und der Mond ließ sein kaltes Licht im Wasser der Schlossbrunnen spiegeln. Wera fröstelte, obwohl der Ofen immer noch Hitze abstrahlte, denn er war am Abend mit glühenden Scheiten gefüllt worden. Doch die Wärme konnte die klamme Feuchtigkeit, die der Herbst durch alle Ritzen schickte nicht vertreiben. Noch weniger jedoch hatte sie die Kraft gegen die beklemmende Stimmung anzukämpfen, die so kurz vor der Morgendämmerung vom Schlosspark her auch Wera erfasste. Sie strich sich über ihren gewölbten Bauch und spürte eine leichte Bewegung in ihrem Inneren.

„Na, du kannst wohl auch nicht schlafen, kleiner Schatz", murmelte Wera. „Auf jeden Fall lässt du mir heute Nacht keine Ruhe." Noch einmal streichelte sie über ihren Bauch.

Diese Schwangerschaft fühlte sich so ganz anders an als jene vor einem Jahr, als sie ihr Egilein unter dem Herzen getragen hatte. Sorgenvoll hatte ihr Arzt den Kopf gewiegt angesichts des kurzen zeitlichen Abstands der beiden Schwangerschaften. Doch Wera hatte unbefangen gelacht. Ihr kleiner Sohn war eine wunderbare Bereicherung für ihr Leben, ein echter Sonnenschein. Der Gedanke an eine wachsende Familie ließ ihr Herz höher schlagen. Sie fühlte sich jung und stark. Ihre Kraft würde gewiss noch für mehr Kinder reichen, hatte sie dem besorgten Leibarzt erklärt. Sie freute sich über die erneute Schwangerschaft und fürchtete sich nicht.

Heute allerdings schien sich die unheimliche Stimmung der herbstlichen Natur auf sie zu übertragen. Eugen war, wie so oft, beim Manöver. Sie wusste, dass sein Dienst häufige Abwesenheit von seiner Familie mit sich brachte, und sie war stolz auf ihren Mann, der so verantwortungsbewusst seiner Pflicht als Offizier nachging. Normalerweise konnte sie gut mit seinen Dienstzeiten in Ludwigsburg umgehen, denn Tante Olly und Onkel Karl waren stets rührend um sie besorgt. Wera stöhnte. Sie neigte nicht zu schweren Gedanken, ganz gewiss nicht, aber heute fiel ihr das Atmen schwer. An Schlaf war nicht mehr zu denken. Wie eine dunkle, dicke Decke lag diese

Nacht auf ihr und wollte sie erdrücken. Wie sehr vermisste sie Eugen in diesem Moment! Er würde mit seiner unbekümmerten, sorglosen Art diese schwere Stimmung schnell verscheuchen.

Wera hörte ein leises Klopfen. Auf ihr „Ja“ öffnete sich die Tür, und Auguste trat ein mit ängstlich geröteten Wangen.

„Egilein! Hoheit, kommen Sie schnell. Egilein geht es nicht gut!“ Die Stimme der Amme überschlug sich vor Aufregung.

Wera raffte ihren Morgenmantel vor der Brust zusammen und folgte der Amme mit schnellen Schritten. Vor dem Kinderzimmer vernahm sie die flüsternde Stimme des Arztes. Schnell trat sie ein und beugte sich über das Kinderbett. Zu Tode erschrocken schaute sie in die weit geöffneten Augen ihres Sohnes. Seine heißen Wangen glühten, und der Atem ging stoßweise. Egilein stöhnte und warf sich unruhig hin und her.

Wera blieb vor Schreck fast das Herz stehen. Wie konnte das geschehen? Heute Abend hatte sie sich noch zärtlich von ihrem Kind verabschiedet, das sie fröhlich angelacht hatte. Wera herrschte den Arzt an:

„So tun Sie doch etwas. Sie sehen doch, wie schlecht es ihm geht!“

Doch Dr. Haussmann zuckte nur ergeben die Schultern.

„Ich habe getan, was ich tun konnte. Seit Stunden schon versuche ich ihm zu helfen. So ein Fieberschub kann ganz plötzlich auftreten. Da sind auch wir Ärzte machtlos.“

„Wir wollten Eure Hoheit nicht beunruhigen, in Ihrem Zustand. Aber jetzt hielten wir es für angebracht,

Euch über den kritischen Zustand unseres Lieblings zu informieren", fiel Auguste ein.

„Es tut mir leid, ich kann nichts mehr für ihn tun. Er liegt jetzt in Gottes Hand. Hier hilft nur noch beten. Die Majestäten sind bereits informiert." Tränen standen in den Augen des Arztes.

„Aber er hatte gestern Abend nur leichtes Fieber! Das kann doch nicht sein!" flüsterte Wera verzweifelt.

„Gewiss, Hoheit", antwortete der Arzt. „doch gegen dieses hohe Fieber, das sich so schnell in dem kleinen Körper ausbreitet, hat die ärztliche Kunst keine Chance."

Wera legte eine Hand auf die glühende Stirn und ergriff mit der anderen das heiße Händchen ihres Sohnes. Der Atem des Kleinen ging schwer. Ein Krampf schüttelte den zierlichen Körper. Dann wurde Karl-Eugens Blick plötzlich starr. Wera spürte, wie er einen letzten schweren Atemzug tat und dann erschlaffte.

Der Arzt griff nach dem Arm des Kindes und fühlte den Puls. Dann legte er die kleine Hand wieder vorsichtig auf die Bettdecke und schüttelte traurig und bedauernd den Kopf.

Weinend brach Wera am Bett ihres Sohnes zusammen. Tante Olly, die schnell geholt worden war, nahm sie vorsichtig am Arm und führte sie zu dem großen Sessel, der neben dem Kinderbett stand. Wie oft hatte Wera hier gesessen und ihr schlafendes Kind beobachtet. Jetzt würde sie es wohl zum letzten Mal tun. Wera schüttelte es. Mit einem dumpfen Schrei brach sich der unendliche Schmerz in ihrem Inneren Bahn. Nun flossen die Tränen und schienen nicht mehr aufzuhören.

Zwei Tage später stand Wera, gestützt von Eugen, in der Schlosskirche. Gemeinsam mit Tante Olly und Onkel Karl nahmen sie in aller Stille Abschied von ihrem kleinen Sonnenschein. Warum, warum? schrie es immer wieder in Wera. Egilein war doch bis vor einigen Tagen noch gesund in seinem Bett gelegen, ja er hatte schon die ersten Silben und Laute gesprochen und immer wieder gelächelt. Niemand hatte auch nur den Schein einer Schwäche oder Krankheit erkennen können. Und nun war er plötzlich nicht mehr da. Die Wiege war leer. Unfassbar, was hier geschehen war. Auf ihr dumpfes Fragen fand sie keine Antwort. Wie ein schwerer Stein lag dieser Schmerz auf ihrem Herzen, raubte ihr jeglichen Lebenswillen und schien sie zu erdrücken. Plötzlich fühlte sie eine Bewegung in ihrem Bauch. Das neue Leben forderte unbarmherzig sein Recht und fragte nicht nach den Umständen, in die es hineingeboren wurde. Das Kind, das in ihr heranwuchs, konnte nichts für die Katastrophe, die seine Mutter gerade erlebte. Wera schauderte. Woher sollte sie die Kraft bekommen, sich der Zukunft zuzuwenden, wenn die Gegenwart so schwarz aussah? Wie sollte sie weiterleben ohne ihr Egilein, ihren Sonnenschein? Und doch, das ungeborene Kind, dessen Bewegungen sie ganz deutlich spürte, ließ ihr keine Wahl. Sie durfte nicht aufgeben. Lieber Gott, hilf mir. Ich kann nicht mehr, schrie es in ihrem Inneren. Doch konnte sie diesen Gott, der ihr kleines Kind zu sich genommen hatte, um Hilfe bitten? Aber wer sonst sollte ihr in dieser ausweglosen Lage helfen? Wera schluchzte auf. Der Boden unter ihren Füßen schien zu schwanken. Sie hatte keine Kraft mehr. Da spürte sie Eugens starken Arm, der sie festhielt. Verzweifelt lehnte sie sich an ihn. Nach einigen Minuten flüsterte sie unter Tränen.

„Warum, Eugen, warum? Es tut so unendlich weh."

Immer wieder strich ihr Eugen über den Rücken.

„Ich weiß, Liebes, der Schmerz ist unerträglich."

Leise weinend verließen sie schließlich die Grabstätte.

Lange saßen sie an diesem Abend beieinander. Immer wieder wurde Wera von Trauer übermannt. Schließlich hatte sie das Gefühl, keine Tränen mehr zu haben. Seufzend sagte sie:

„Eugen, wir können nicht anders, wir müssen ihn vertrauensvoll in Gottes Hände legen. Wenn ich nicht hoffen könnte, dass wir ihn eines Tages wiedersehen werden und dass es ihm dort, wo er jetzt ist, besser geht, ich könnte diesen Schmerz in meiner Seele nicht aushalten." Eugen nickte stumm und legte seinen Arm um Wera.

Januar 1877

Ach, wozu, ach wozu
Hat das Menschenherz
niemals Ruh – niemals Ruh
und immer nur Schmerz?

Wozu lieb? Wozu lieb
Ich so inniglich?
Wozu trieb, wozu trieb
Ach die Liebe mich?

Ganz allein, ganz allein
Steh auf Erden ich!
Und ich wein, und ich wein
Gar so bitterlich.

Ach verblüht, ach verblüht
Ist mein Lieb gar schnell
Und verglüht, und verglüht
Dieser Stern so hell.
(Wera von Württemberg)

Ein letztes Mal umarmte Wera Eugen.

„Adieu, mein Liebster. Auf Wiedersehen. Ich wünsche dir eine gute, behütete Reise nach Düsseldorf."

„Ich geh' ungern dieses Mal. Natürlich ist es eine große Anerkennung, dass ich zum Stabsoffizier des Westfälischen Husarenregiments ernannt worden bin." Eugen strich Wera sanft mit dem Finger über die Wange. Dann straffte er die Schultern. „Ich bin gespannt auf all das Neue und freue mich auf die Herausforderung."

Wera betrachtete das glänzende Revers von Eugens neuer Uniform.

„Ich bin ungemein stolz auf dich. Es wird deinem weiteren Werdegang sehr förderlich sein, wenn du einige Jahre bei den Preußen Dienst tust."

„Du hast recht wie immer, liebe Frau, aber ich wäre auch gerne bei euch, meiner Familie, geblieben. Du und die Zwillinge, ihr werdet mir fehlen. Düsseldorf ist so weit weg von Stuttgart." Eugen schaute Wera ernst an. „Es ist ein wunderbares Geschenk, dass wir so bald nach dem Verlust unseres Egilein unsere beiden Mädels bekommen haben. Was mach' ich nur ohne euch drei in Düsseldorf?"

Wera spürte ein schmerzhaftes Ziehen in ihrer Brust, als Eugen an diesen tiefen, dunklen Schmerz rührte. Wie immer, wenn sie an ihren kleinen Sohn dachte, wurde ihr Herz schwer. Diese Narbe gehörte zu ihrem Leben und würde wohl immer da sein. Sie musste lernen, mit diesem Leid zu leben und ihren beiden Mädchen trotzdem eine fröhliche Mutter zu sein und ihre Aufgaben zu erfüllen.

„Ich versteh' dich so gut, Eugen. Aber mach dir keine Sorgen, wir werden dich im Sommer besuchen. Dann werden Olly und Elsa dir bereits entgegenlaufen. Du wirst sehen. Vielleicht ergibt sich sogar die Möglichkeit, dass wir zu dir nach Düsseldorf übersiedeln können." Eugen hustete kurz, dann nickte er. Wera schaute ihn besorgt an. „Ich sorge mich vielmehr um dich, mein Lieber. Deine Influenza scheint noch nicht ganz ausgeheilt zu sein."

„Ach, das ist nur ein leichter Husten, nichts Schlimmes. Kein Grund, den Dienstantritt zu verschieben. Also dann, leb wohl, Wera, wir sehen uns in einigen Wochen in Düsseldorf wieder.“ Eugen eilte die Treppe hinunter, drehte sich nochmals um, winkte kurz und stieg dann in die Reisekutsche. Wera hob noch einmal ihre Hand zum Gruß und wartete, bis er ihren Blicken entschwunden war.

Kurze Zeit später ging sie ins Kinderzimmer, wo das Kindermädchen ihre beiden Mädchen Olly und Elsa betreute. Als Wera eintrat, schauten sie interessiert auf. Die Kinder lachten beide gleichzeitig, als sie ihre Mutter erkannten. Wera suchte sich einen bequemen Stuhl und ließ sich von dem Kindermädchen zuerst Olly, dann Elsa auf den Schoß setzen. Sie umarmte ihre beiden Lieblinge und spürte, wie gut ihr die Nähe der Kleinen tat. So trat der Abschied von Eugen schnell in den Hintergrund. Zärtlich fuhr sie den Mädchen über ihr weiches Haar und schmiegte sich an sie. Ein Gefühl von Liebe überwältigte sie wie eine große starke Welle, die alles Störende hinwegspülte. Die Leere, die sie noch vor einigen Minuten in ihrem Inneren wahrgenommen hatte, war nun durch tiefe Wärme und Zuneigung ausgefüllt. Was für eine wertvolle Quelle der Freude waren ihre beiden Mädchen, stellte Wera wieder einmal voller Dankbarkeit fest. Natürlich konnten sie den Verlust des kleinen Karl Eugen nicht ersetzen. Dieser Platz in ihrem Herz würde für immer leer bleiben. Aber sie waren ein so wunderbares Geschenk, das ihr geholfen hatte, wieder zurück zum Leben zu finden. Sie liebte sie genauso, wie sie Egilein geliebt hatte. Und sie war immer wieder erneut überwältigt vom Wunder des Lebens, wenn sie ihre beiden großartigen Zwillingsmädchen sah.

Zwei Wochen später, an einem sonnigen Donnerstag, saß Wera mit Tante Olly und Onkel Karl beim nachmittäglichen Tee. Seitdem Eugen in Düsseldorf weilte, genoss sie die Gemeinschaft und das Gespräch mit Onkel und Tante noch mehr. Die tägliche Teestunde war wieder zu einem beliebten Ritual geworden.

„Wie geht's unserem Offizier in Düsseldorf, Wera? Was schreibt denn Eugen?" fragte Tante Olly.

„Aber Olga, nicht so neugierig. Lass doch die jungen Leute. Du mischst dich ständig ein, das ist nicht gut", tadelte sie Onkel Karl und lehnte sich gemütlich zurück, um seinen Tee zu genießen.

„Ich muss doch wissen, wie es unserem Schwiegerneffen bei den Preußen geht. Das ist ganz legitim, Karl", reagierte Olga ungehalten. Wie immer, wenn sich eine Auseinandersetzung zwischen den Majestäten anbahnte, fühlte sich Wera unwohl und versuchte die Stimmung zu retten. Schnell antwortete sie:

„Eugen berichtet begeistert von seinem Regiment. Er wurde mit großer Herzlichkeit empfangen. Letzte Woche feierten die Offiziere ihm zu Ehren sogar ein Willkommensfest."

„Wie schön, das hören wir gern, nicht wahr, Karl", antwortete Olga spitz..

„Allerdings", fuhr Wera fort, „bin ich ein wenig beunruhigt. Eugen schreibt, dass ihn seit zwei Tagen ein leichtes Unwohlsein befallen hat."

„Nun ja, so etwas gibt sich meist schnell wieder", versuchte die Königin Wera zu beruhigen.

„Ich weiß nicht. Normalerweise sorge ich mich nicht um Eugen, wenn er bei seiner Garnison ist, aber heute fühle ich eine seltsame Unruhe. Ich kann es nicht erklären, aber ich mache mir große Sorgen. Am liebsten würde ich nach Düsseldorf fahren, um nach ihm zu sehen."

„Du willst eine so lange Reise unternehmen, nur weil du ein ungutes Gefühl hast, Liebes? Ist das nicht etwas überstürzt, Wera?"

„Nein, Tante Olly. Ich will nach Düsseldorf." Jetzt war sich Wera sicher. „Ich spüre es, ich muss zu Eugen. Er braucht mich. Gleich morgen werde ich mit der Bahn nach Düsseldorf fahren."

„Wenn du meinst, dann fahr. Du hast dich noch nie von deinen Plänen abhalten lassen."

Wera war froh, endlich die Sorge um Eugen, die sie schon den ganzen Tag belastete, ausgesprochen und einen Entschluss gefasst zu haben.

Am folgenden Freitag um die Mittagszeit fuhr sie mit dem Zug Richtung Düsseldorf. Erleichtert ließ sie sich auf den Sitz ihres Zugabteils fallen. Sie atmete auf. Es war ein gutes Gefühl, zu wissen, dass sie morgen Abend bei ihrem Eugen sein würde. Weras Freude auf das Wiedersehen überdeckte die Sorge, die sie gestern noch so sehr belastet hatte. Morgen würde sie wissen, wie es Eugen wirklich ging. Dann würde sie ihn im Arm halten. Sie konnte es kaum erwarten.

Die 18 Stunden bis zu ihrer Ankunft in Düsseldorf dehnten sich unendlich lang. Immer wieder stellte sie sich vor, wie Eugen sich über ihren Überraschungsbesuch freuen würde.

Voller Anspannung traf Wera in der Garnison in Düsseldorf ein. Wie würde sie Eugen antreffen? War ihre Angst um den Ehemann berechtigt gewesen? Sorge und Freude auf das Wiedersehen hielten sich die Waage. Als Wera den Exerzierhof durchschritt, fühlte sie plötzlich eine tiefe Beklommenheit. Zentnerschwer schien sich eine Last auf sie zu legen. Die Atmosphäre war bedrückend. Nichts war zu spüren von der lebhaften Geschäftigkeit, die sie von der Garnison in Ludwigsburg gewohnt war. Weras Schritte wurden schwer, als sie auf das Eingangstor zuschritt. Ihre Knie begannen zu zittern. Der Kammerdiener Eugens kam ihr entgegen, kreidebleich. Wera schaute ihn prüfend an. Hatte er verweinte Augen? Er grüßte und fragte zögernd:

„Hoheit, sind bereits eingetroffen? Ist die Nachricht in Stuttgart so schnell angekommen?"

Wera verstand ihn nicht.

„Wovon redet Er?"

„Der Herzog ..."

„Was ist mit meinem Mann?" fragte Wera mit scharfer Stimme.

„Der Herzog, er ist gestern um die Mittagszeit verstorben."

Plötzlich war ihr, als würde der Boden unter ihren Füßen wegsacken. Wera wurde schwindlig. Sie lehnte sich gegen die Wand. Dann tat sie einen tiefen Atemzug und rang nach Fassung.

„Führ Er mich zu ihm", presste sie hervor.

Wie durch einen Nebel folgte sie dem Diener durch die Gänge und fand sich vor dem Sterbebett ihres Mannes wieder. Bleich lag er da. Er hatte so wenig Ähnlichkeit mit ihrem lebensfrohen Ehemann, der sich vor drei Wochen in Stuttgart lachend und winkend so zuversichtlich von ihr verabschiedet hatte. Wera verstand die Welt nicht mehr. Wie konnte das sein? Was war passiert?

„Warum?" Fragend wandte sich Wera an den Kammerdiener, der mit Tränen in den Augen neben ihr stand. Einige Minuten, die Wera wie Stunden vorkamen schwieg er. Dann antwortete er mit stockender Stimme:

„Er fühlte sich schon seit Tagen nicht wohl. Eine Rippfellentzündung ..."

Wera kniete verzweifelt am Bett nieder und legte den Kopf auf die Decke. Ein Weinkrampf schüttelte sie. Warum? Warum? Wie ein schmerzhafter Stich grub sich diese Frage in ihre Gedanken ein. Sie betrachtete das Gesicht ihres geliebten Ehemanns. *„Der Herr hats gegeben, der Herr hats genommen, Der Name des Herrn sei gelobt."* Diese Worte hatten sie gemeinsam immer wieder miteinander gesprochen, damals, vor zweieinhalb Jahren, als ihr kleiner Sohn verstorben war. Es schien ihr, als würde Eugen heute dasselbe zu ihr sagen. Aber jetzt kniete sie allein an seinem Sterbelager. Der Schmerz war kaum auszuhalten. Vorsichtig strich sie über Eugens Brust. Nie mehr würde sie seinen Herzschlag spüren. Ihre Hand hielt inne. Noch einmal streichelte sie über seine Rippen. Dann schaute sie fragend den Mann neben sich an.

„Was ist das? Ich fühle einen Verband. War er verletzt?"

Der Kammerdiener zuckte zusammen. Voller Schrecken stammelte er:

„Hoheit, es gab da einen Vorfall." Wera herrschte den Diener an.

„So rede Er doch. Ich will alles wissen. Was ist passiert?“ Zögernd begann der Mann:

„Es gab ein Duell, vor drei Tagen.“

„Ein Duell. Eugen hat sich duelliert?“

„Ja, so ist es. Ein unangenehmer Vorfall. Nach dem Offiziersdinner wurde er zu einem Duell gefordert.“

Eugen wäre niemals einer solchen Aufforderung ausgewichen. Feige war Eugen nie. Er stellte sich seinen Feinden. Eugen war ein Ehrenmann. Wera spürte mit Erstaunen fast so etwas wie Stolz.

„Aber warum ...?“

„Es gab da eine Dame, nun ja, ihr Ehemann, ein Offizier, traf sie mit dem Herzog in einer kompromittierenden Situation und forderte daraufhin Genugtuung. Seine angegriffene Gesundheit behinderten unseren lieben Herzog, so kam es zu dieser schweren Verletzung, der er gestern erlag.“

Wera erschrak, und ihre Gedanken überschlugen sich. Wie hatte Eugen seine letzten Lebenstage hier in Düsseldorf verbracht? Sie schaute den Kammerdiener ernst an.

„Wie entsetzlich.“ Dann fasste sie einen Entschluss. „Ich will, dass meinem Ehemann ein ehrendes Andenken bleibt, auch über den Tod hinaus. Über diesen Vorfall muss Stillschweigen bewahrt werden. Das Ansehen meines Ehemanns darf niemals beschmutzt werden.“

„Jawohl, Eure Hoheit. Ich habe dem Herzog auf seinem Sterbebett versprochen, dass ich schweigen werde. Auch Dr. Schwarz, der ihn betreute, wird sich daran halten.“

„Das ist gut. Geh Er jetzt. Ich möchte allein sein.“ Leise verließ der Mann den Raum.

Wera griff nach Eugens Hand, jener Hand die sie immer so gerne gespürt hatte. Jetzt lag sie in der ihrigen ruhig und kalt, wie ein toter Vogel. Sie betrachtete lange das Gesicht ihres Mannes, den sie so sehr liebte. Tränen liefen unaufhörlich über ihr Gesicht. Wie viel Schönes hatten sie gemeinsam erlebt. In Eugens Armen fühlte sie sich sicher. An seiner Seite war das Gefühl von Heimatlosigkeit, das sie hin und wieder immer noch belastet hatte, wie weggeblasen. Bei ihm hatte sie sich geborgen und aufgehoben gefühlt. Er hatte ihre Kritik an ihrem Aussehen und ihrer Figur mit einem Handstrich weggefegt. Seine unbeschwerte Fröhlichkeit hatte sie unzählige Male zum Lachen gebracht. Immer hatte Eugen gute Laune gehabt. Wie gern hatte sie ihn in der Garnison besucht. Ja, sie hatten sogar Pläne geschmiedet, dass sie mit den Zwillingen nach Düsseldorf übersiedeln würden, um dort gemeinsam als Familie zu leben. Und das sollte jetzt alles vorbei sein? Der Schmerz traf sie mit einer Wucht, die Wera den Atem nahm. Sie fühlte einen Druck auf ihrer Brust, als läge ein unendlich großer Stein auf ihr, der sie erdrückte. Überdeutlich war ihr bewusst: Was sie hier sah, war nur noch eine Hülle. Wie der Kokon eines Schmetterlings, dessen Inhalt längst weitergeflogen war in eine andere Welt. Auch Eugens Seele war längst dort, wo es keinen Schmerz mehr gab, wo bereits sein kleiner Sohn ihn erwartete, wo er von Gottes liebenden Armen empfangen wurde. Nur sie war hier zurückgeblieben, verlassen und allein. Ihr Leben erschien ihr wie ein großes schwarzes Loch, das alle Zukunftspläne in sich verschlungen hatte. Wie sollte sie weiterleben? Weras Blick fiel auf das Losungsbüchlein, das auf Eugens

Nachttisch lag. Es enthielt für jeden Tag zwei Bibelverse und ein Gebet. Offensichtlich hatte ihr Ehemann noch einen Tag vor seinem Tod darin gelesen. Wahllos blätterte Wera darin. Ihre wunde Seele suchte nach irgendeinem Halt. Da fiel ihr Blick auf einen Vers aus dem Matthäus-Evangelium: *„Kommet her zu mir alle, die ihr mühselig und beladen seid, ich will euch erquicken."* Immer wieder las Wera dieses Wort, das Jesus zu seinen Jüngern gesprochen hatte. Kein Mensch kann ermessen, wie mühselig, kraftlos und beladen ich bin, dachte Wera. Wie sehr wünschte ich mir, dass mich irgendjemand erquicken würde. Lange betrachtete Wera Eugen. Plötzlich wurde ihr der Verband auf seiner Brust wieder bewusst.

Was hatte der Bursche gesagt? Die Worte waren wie durch einen Nebel an ihr vorbeigegangen. Sie hatte deren Bedeutung bisher kaum wahrgenommen, doch jetzt traf es sie wie ein Messerstich in ihre verwundete Seele. Da war doch die Rede gewesen von einer Frau und einem Duell. Allmählich wurde Wera klar, was dies bedeutete: Hatte ihr Eugen eine Liebschaft gehabt? Ja, ein ehrenhafter Mann war er gewesen, doch mit der ehelichen Treue hatte er es nicht immer ganz genau genommen, das hatte Wera bereits geahnt. Aber sie hatte auch gelernt, mit diesen Vermutungen zu leben, denn er war ihr und den beiden Mädchen immer ein liebevoller Ehemann und Vater gewesen. Sie hatte in ihrer Ehe zu keiner Zeit irgendetwas vermisst. War Eugen an ihrer Seite nicht ausgefüllt und glücklich gewesen? Nachdenklich schaute Wera in das geliebte Gesicht:

„Hast du bei mir nicht die Erfüllung gefunden, die du dir erhofft hattest? Musstest du hier einen Mangel ausgleichen, der dir zu Hause abging? Was ist in diesen letzten Tagen in Düsseldorf geschehen?" fragte sie immer wieder.

Die ganze Nacht wachte Wera am Totenbett ihres Mannes. Zunächst war sie tief verletzt über das, was sie erfahren hatte. Dann überwog die Trauer über den Verlust ihres Mannes, den sie so sehr liebte. Diese Liebe gab ihr am Ende dieser Nacht die Kraft, ihm seinen Fehltritt zu verzeihen. Was immer geschehen war, sie wollte den Mantel des Schweigens darüber legen. Denn niemals wollte sie zulassen, dass nach seinem Tod seine Ehre und die Ehre ihrer ganzen Familie beschmutzt würden. Ein Duell war eine fragwürdige Sache, gewiss. Doch sollte durch diesen Tod jetzt womöglich eine standesgemäße Beisetzung ihres Ehemanns verhindert werden? Eugen hatte sich stets jeder Gefahr gestellt. Auf keinen Fall wäre er als Offizier vor einer Forderung zum Duell geflohen. War dieser Tod im Duell nicht am Ende ein vielleicht sogar ehrenwerter Tod, eine Herausforderung, der sich Eugen mutig entgegengestellt hatte? Fast war sie ein wenig stolz, auf ihren Mann, doch niemand sollte von seinem Duelltod erfahren, wie sie es bereits vorhin Eugens Kammerdiener befohlen hatte. Offiziell waren Duelle längst verboten, und die Wahrheit würde unliebsame Untersuchungen und Verhandlungen nach sich ziehen. Eugen sollte ein Ehrenbegräbnis bekommen, das schwor sie sich.

Wieder, wie vor fünf Jahren, hörte Wera alle Glocken der Stuttgarter Kirchen läuten. Doch heute war es kein Anlass der Freude wie damals, als sie voll froher Erwartung vor dem Traualtar standen. Die Kirchenglocken kündigten die Ankunft des Sarges ihres Ehemannes an. Der Leichnam Eugens war nach Stuttgart überführt worden. Am Bahnhof formierte sich der Leichenzug. Sechs Pferde zogen den Leichenwagen, Reitknechte mit brennenden Fackeln begleiteten ihn, gefolgt von zwei weiteren Wagen und Reitern. Vor der Schlosskirche blieb die Eskorte zurück.

Der Sarg wurde von Prälat Karl von Gerok empfangen. Wera erwartete in Begleitung von Tante Olly und Onkel Karl in der Schlosskirche den Trauerzug. Auch ihr Vater, Großfürst Konstantin, war aus Petersburg angereist, um ihrem Ehemann die letzte Ehre zu erweisen. Wie durch einen schwarzen Schleier durchlebte sie den Trauergottesdienst und die anschließende Beisetzung. Später konnte sie sich nicht mehr daran erinnern, wie sie diese schweren Tage überstanden hatte.

Als wandelte sie durch eine dunkle Nebelwand tastete sie sich durch die folgenden Tage. Ihre Kraft reichte stets nur von einem Tag zum anderen, bis sie schließlich eines Morgens erstaunt aufwachte und feststellte, dass bereits zwei Monate seit dem Tod Eugens vergangen waren. Es waren keine leichten Monate gewesen, aber sie hatte gelebt und überlebt. Gott hatte ihr tatsächlich Kraft gegeben für jeden einzelnen Tag, nicht mehr als für einen Tag aber auch nicht weniger. Wera atmete tief durch, ja das Leben ging weiter, mit ihr und mit ihren beiden Töchtern, die ihr in aller Trauer jeden Tag unerwartet Freude bereiteten.

November 1898

Hier und Jenseits

Es lebt sich auf Erden so herrlich und schön,
Man möchte schier nimmermehr sterben.
Doch blickt man empor zu den himmlischen Höh'n
Wo Seligkeit einst wir erwerben,
Zieht glühende Sehnsucht die Seele empor,
hinweg von dem irdischen Streben,
und kam noch so herrlich das Leben uns vor –
Die Seligkeit kann es nicht geben.

(Wera von Württemberg)

Wera griff nach ihrer Kaffeetasse. Der Duft des frisch aufgebrühten Kaffees ließ, wie jeden Morgen, ihre Lebensgeister neu erwachen. Vorsichtig nahm sie einen Schluck des heißen Getränks und genoss den leicht bitteren Nachgeschmack auf der Zunge. Sie liebte die ersten Stunden dieses erwachenden Tages und atmete tief durch. Noch einige Momente der Ruhe wollte sie sich gönnen. Der heutige Tag würde genug Aufregung mit sich bringen und ihre ganze Kraft kosten.

Ihr Blick ging zum Fenster, wo ein verlassenes Spinnennetz im Rahmen hing. Seine Bewohnerin hatte sich wohl einen geschützteren Platz gesucht. Das Netz war voller Raureif, der im Glanz der Sonne glitzerte und seine filigrane Schönheit zur Geltung brachte. Wera betrachtete es lange: Was für ein Wunderwerk der Schöpfung ist dieses unscheinbare Spinnennetz, wenn man es von nahem betrachtet, dachte sie. Ihr Blick ging weiter über den großen Park, dessen Bäume ihre Äste kahl in den trüben Herbsthimmel reckten, über die Dächer der Stadt, die feucht glänzten. Es war, als ob der Herbstregen allen Lärm und alle Geschäftigkeit verschlucken würde. Selbst das Schloss lag wie ausgestorben da. Nach dem Tod von König Karl im Oktober 1891 hatte dort Weras Vetter Wilhelm den Thron übernommen. Als Königinwitwe hatte sich Tante Olly immer mehr aus dem öffentlichen Leben zurückgezogen und Wera die repräsentativen und sozialen Aufgaben überlassen. Diesen Dienst hatte Wera ihrer Tante gerne abgenommen. Aber es tat weh, mitansehen zu müssen, wie Tante Olly immer schwächer wurde. Trotz aller Streitereien und Spannungen in den vergangenen Jahren vermisste Tante Olly nun ihren Karl sehr. Im Sommer 1892 reiste die Königinwitwe ein letztes Mal nach Friedrichshafen. Im Oktober verschlechterte sich ihr Zustand zusehends, und Wera eilte an das Krankenbett ihrer Tante. Am 30. Oktober 1892 schließlich verstarb die Tante an Herzversagen.

Wera seufzte, wie schön wäre es gewesen, die Tante hätte den heutigen Festtag mitfeiern können. Es wäre für sie die Erfüllung eines Lebenstraums gewesen, ihre heißgeliebten Enkeltöchter als Ehefrauen der Prinzen zu Schaumburg-Lippe zu erleben. Wera lächelte. Auch für sie war es eine große Freude zu sehen, wie ihre beiden Mädchen bei den beiden Brüdern Albert und Maximilian zu Schaumburg-Lippe ihre große Liebe fanden. Was wohl Eugen als Brautvater am heutigen Tag gesagt hätte?

Über zwanzig Jahre waren seit jenem furchtbaren Tag vergangen, an dem sie am Totenbett ihres Eugen gestanden hatte. Zwanzig Jahre, staunte Wera, was war in dieser Zeit alles geschehen!

Die ersten Monate nach Eugens Tod waren unendlich schwer gewesen. Allein die Unbeschwertheit der Zwillinge hatte ihr geholfen, die Tage zu überstehen. Sie waren in ihrem Leben wie helle Sterne, die unverdrossen leuchteten, auch wenn um sie herum die Welt am Zerbrechen war. Und Gott hatte das Versprechen, das er ihr damals in jenen bitteren Stunden in Düsseldorf gegeben hatte, gehalten. Das Wort: *Kommet her zu mir alle, die ihr mühselig und beladen seid, ich will euch erquicken* hatte sie in jenen Monaten immer wieder getröstet. Wie oft hatte sie ganz praktisch erlebt, wie sie erquickt wurde. Sie hatte gemerkt, dass Bewegung und frische Luft ihrer Seele unsagbar gut taten.

Der erste Urlaub nach dem Tod Eugens hatte sie in die Schweiz geführt. Dort, in den hohen Bergen des Engadins, in St. Moritz, lernte sie ganz neu über die Großartigkeit der Schöpfung zu staunen. Eines Tages war sie ganz allein losgewandert von Sils Maria ins Fextal. Dort, am Rand des Fexergletschers, genoss sie die unvergleichliche Aussicht über die Schweizer Bergwelt. Die schneebedeckten Gipfel entfalteten ihre großartige Pracht vor ihren Augen, als wollten sie beweisen: Trotz Leid und Not gibt es auf dieser Welt auch schöne und gute Dinge. Es lohnt sich, sie zu suchen, und man darf sich an ihnen freuen.

Sie konnte sich an den mächtigen Gipfeln nicht satt sehen. Zum ersten Mal seit jenen schrecklichen Erlebnissen spürte sie ganz tief in ihrer Seele so etwas wie Freude, ein ganz kleiner Funke, der allmählich begann sich auszubreiten. Voller Staunen erkannte sie plötzlich, dass das Leben nicht nur grau und dunkel war. Die dicke Mauer des Schmerzes, von der ihre Seele bisher eingeschlossen war, hatte in diesem Moment Risse bekommen, durch die ganz zaghaft die Sonne ihre Strahlen hindurchsandte. Völlig ausgelaugt war sie nach dieser langen Wanderung in ihrem Hotel angekommen. Klothilde von Roedern, ihre Hofdame, hatte sich wegen ihres langen Ausbleibens bereits Sorgen gemacht. Todmüde suchte Wera nach einem leichten Abendessen früh ihr Bett auf. Erschöpft war sie in einen tiefen Schlaf gesunken. Am folgenden Morgen stellte sie erstaunt fest, dass sie zum ersten Mal seit langer Zeit wieder gut geschlafen hatte.

Von St. Moritz war sie einige Wochen später weitergereist nach Friedrichshafen an den Bodensee, wo die Majestäten ihren Sommerurlaub gemeinsam mit Olga und Elsa verbrachten. Wie schön war es gewesen, die Zwillinge wiederzusehen und in die Arme zu schließen. Sie waren so unwahrscheinlich süß, wie sie noch etwas unbeholfen am Strand entlanggingen, die Schwäne fütterten und sich an den Enten freuten, die immer wieder schnatternd am Ufer entlangliefen. Wera konnte sich nicht satt sehen an ihren beiden Töchtern. Immer wieder brachten die beiden Mädchen sie mit ihren Einfällen zum Lachen. Es gab Tage, an denen Dankbarkeit und Freude über ihre Kinder ihr Herz fast zum Bersten brachten. Immer wieder unternahmen sie gemeinsam Schifffahrten und genossen die Sonne und die Weite des Wassers. In diesem Jahr fing sie an zu rudern. Es machte ihr viel

Freude, ihr Boot durch eigene Muskelkraft vorwärts zu bewegen. Auf der Weite des Sees, unter sich die unvorstellbare Tiefe des Wassers, erschienen ihr die eigenen Probleme kleiner und unbedeutender. Sie merkte, dass die Zwillinge auch für Tante Olly und Onkel Karl eine ständige Quelle der Freude waren. Immer wieder gaben sie Anlass zum Schmunzeln. Manche Streitereien und Spannungen zwischen den Majestäten wurden dadurch ausgeglichen. Am letzten Tag ihres Aufenthalts in Friedrichshafen war die Stimmung beim Frühstück etwas angespannt. Wehmütig dachte man an das Ende der unbeschwerten Sommermonate und an die Rückkehr nach Stuttgart. Entrüstet erschien die kleine Elsa am Frühstückstisch. Struppi, der kleine Mops, hatte doch tatsächlich ihren Nachttopf ausgetrunken.

„So ein ungezogener kleiner Racker", schimpfte ihre Schwester Olga.

„Wir müssen ihn besser erziehen", beschloss Tante Olly.

„Er muss lernen, dass wir ihm eine solche Ungezogenheit nicht durchgehen lassen", erklärte Onkel Karl und griff zu seiner Kaffeetasse.

Wera bestrich nachdenklich ihre Butterbrezel und war froh, dass sie durch die Ungezogenheit des kleinen Mopses von den trüben Abschiedsgedanken abgelenkt wurde. Ernsthaft schaute die kleine Elsa in die Runde.

„Das ist doch gar nicht schlimm. Ich mach' den Nachttopf einfach sofort wieder voll."

Ihr Vorschlag wurde von allen Seiten mit einem fröhlichen Lachen beantwortet.

„Nein, Elsa, das muss nun wirklich nicht sein. Aber vielleicht sehen wir dann heute von einer Strafe für

Struppi ab“, erwiderte Wera, nachdem sich alle wieder ein wenig beruhigt hatten.

Tante Olly hatte an diesem Morgen bereits erste Anzeichen von Migräne verspürt. Die bevorstehende Abreise nach Stuttgart, wo die Atmosphäre bei Hof oft von Intrigen geprägt war, machte ihr zu schaffen. Doch fürs Erste war die angespannte Stimmung bei Tisch vertrieben. Ein fröhliches Lachen erfüllte den Frühstücksraum.

Wera lächelte wehmütig, wenn sie an jene unbeschwerten Tage dachte. Viele Jahre waren seither vergangen. Mit Tante Olly, Onkel Karl und ihren beiden Mädchen waren sie eine glückliche Familie gewesen. Schöne Zeiten hatten sie gemeinsam erlebt.

„Lass die Vergangenheit ruhen. Heute gilt es, den Blick in die Zukunft zu richten“, ermahnte sie sich.

Tante Olly und Onkel Karl lagen längst neben ihrem geliebten Eugen in der Gruft der Stuttgarter Schlosskirche. Ihre Töchter waren auf dem Weg, ihr eigenes Leben aufzubauen. Heute stand, eineinhalb Jahre nach ihrer Schwester Elsa, auch Olga hier in Stuttgart vor dem Traualtar, um ihrem Maximilian das Jawort zu geben.

Wera straffte die Schultern und erhob sich. Energisch ging sie zum Ankleideraum ihrer Tochter. Schon von weitem hörte sie das fröhliche Lachen von Olga und Elsa. Wera öffnete die Tür. Beide Töchter strahlten sie an. Die Braut sah wunderschön aus in ihrem Hochzeitskleid. Gerührt nahm Wera sie vorsichtig in den Arm.

„Von Herzen wünsche ich dir alles Gute, meine Liebe“, flüsterte sie. Dann legte sie ihre Arme um Elsa und Olga.

„Wie schön, dass wir einander haben. Lasst uns diesen Tag gemeinsam feiern.“

Elsa strich Olga vorsichtig eine Haarsträhne aus dem Gesicht.

„Der heutige Tag erinnert mich so sehr an meine eigene Hochzeit letztes Jahr, Schwesterherz. Dass du den Bruder meines Albrecht heiratest, ist mir eine große Freude. So wächst die Familie noch mehr zusammen."

„Wir zwei Schwestern heiraten zwei Brüder, das hätten wir uns vor Jahren nicht träumen lassen. Was für ein Gückstag ist das heute", lachte Olga.

„Zu gerne hätte ich an diesem Festtag auch deinen kleinen Max gesehen. Ich liebe den Gedanken, seit einigen Monaten Großmutter zu sein", mischte sich Wera in das Gespräch ihrer Töchter.

„Max ist bei seiner Amme gut aufgehoben. Die lange Reise von Österreich bis nach Stuttgart und das große Fest wären zu anstrengend gewesen für den kleinen Mann." Elsa strahlte mit ihrer Mutter und ihrer Schwester um die Wette. „Im Sommer werden wir ganz sicher wieder einige Wochen gemeinsam am Bodensee verbringen, dann habt ihr alle genug Zeit, meinen kleinen Max zu erleben."

Ein energisches Klopfen unterbrach die drei Frauen.

„Ihre Majestäten werden erwartet."

Stolz schritt Wera zwischen ihren beiden Töchtern die Treppe hinunter. Vor der Villa Berg erwartete sie bereits die geschmückte Kutsche. Sie freuten sich auf den festlichen Traugottesdienst und die fröhliche Hochzeitsfeier. An den darauffolgenden Abschied wollte Wera jetzt noch nicht denken. Bald würde Elsa mit ihrem Ehemann Albert zu Schaumburg-Lippe wieder zurück nach Österreich fahren, wo sie seit ihrer Eheschließung im vergangenen Mai lebte. Olga blieb hier in der Nähe. Sie würde mit ihrem Maximilian nach Ludwigsburg ziehen.

Stuttgart 1906

Sei mir gegrüßt du grüner Wald
Mit deinen hohen Eichen
Die mit der Krone hoch empor
Schier bis zum Himmel reichen.

Wie gerne blicke ich herab
Von deiner Bergeshöhe
Auf Stuttgart das in voller Pracht
Ich strahlend vor mir sehe.

(Wera von Württemberg)

Die Sonne strahlte vom stahlblauen Himmel und tausende Eiskristalle glitzerten und reflektierten die Sonnenstrahlen auf der schneebedeckten Fläche vor der Villa Berg. Die Brunnen am Eingang hatten längst aufgehört zu sprudeln und waren zugefroren. Wie die Stalaktiten einer Tropfsteinhöhle hingen lange Eiszapfen an den gemauerten Brunnenrändern. Durch die dicken Eisplatten konnte Wera die verschiedenen Blautöne der Fliesen auf dem Brunnengrund erkennen. Die Bäume im Park hatten schon vor vielen Wochen ihre Blätter abgeworfen. Eine dicke Schneeschicht bedeckte die Äste und umhüllte sie wie schützende Watte, so dass sie nach dem kalten Winter wieder neue Kraft zum Wachsen und Blühen haben würden.

Wera spürte die kalte Schnauze ihres Windhundes in der Kniekehle.

„Ich weiß, Hasso, dich zieht es genauso hinaus in die frische Luft wie mich. Aber zuerst gibt es für mich noch ein leckeres Frühstück. Dann werden wir heute bei einer ausgiebigen Schneewanderung das schöne Winterwetter genießen." Wera griff nach der Gabel und zerteilte ihr Rührei. Der warme Speck roch verführerisch. Sie goss sich heißen Kaffee nach. Was für ein guter Start war solch ein wohlschmeckendes Frühstück, es gab ihr Kraft für den kommenden Tag.

Anschließend ließ sich Wera von ihrer Zofe Stock und Mantel bringen. Als sie die Tür öffnete, sprang ihr Windhund aufgeregt hinaus. Plötzlich hörte Wera lautes Bellen und einen Schrei. Erschrocken lief sie die große Freitreppe der Villa Berg hinunter. Hasso war nirgendwo zu sehen, doch sein Bellen war unüberhörbar. Wera stieß einen lauten Pfiff aus. Mit fliegenden Ohren kam der Hund angerannt und nahm schuldbewusst vor ihr Platz.

„Du machst heute wieder einen Lärm. Was ist denn los?" fragte Wera. Dann sah sie, wie ein junges Mädchen vorsichtig den Weg durch den Park heraufkam. In der Hand trug es einen großen Korb. Wera hielt ihren Hund am Halsband fest und rief das Mädchen zu sich.

„Guten Morgen, hat Hasso dich erschreckt? Das tut mir leid." Das Mädchen knickste und schaute Wera ängstlich an:

„Ich habe eigentlich keine Angst vor Hunden, aber er hat wohl den Inhalt meines Korbes gerochen. Ich komme von der königlichen Hofmetzgerei und soll dies hier in der Villa Berg abliefern."

„Kein Wunder, dass Hasso so aufgeregt ist", lachte Wera. „Ihm ist der köstliche Duft in die Nase gestiegen. Die Leckerbissen von Metzger Häberle lässt er sich nur ungern entgehen." Dann schaute sie die junge Frau prüfend an. „Dich habe ich hier noch nie gesehen. Arbeitest du schon lange in der Metzgerei?" Wieder knickste das Mädchen.

„Mein Name ist Anna. Ich bin seit einigen Wochen hier und arbeite als Küchenhilfe bei Frau Häberle. Ich soll diesen Korb mit Fleisch und Wurst in der Küche der Villa Berg abliefern. Aber ich weiß den Weg nicht." Unsicher schaute Anna Wera an.

„Schau, wenn du hier um die Ecke gehst, findest du eine Tür. Dieser Eingang führt in die Küche", erklärte ihr Wera.

„Vielen Dank." Wieder knickste Anna und verschwand flink um die Ecke.

Anna atmete auf. Wie gut, dass sie ihr Paket jetzt schnell loswerden konnte. Es würde Ärger geben, wenn sie zu spät von ihrem Botengang zurückkäme. Eigentlich war ihr Arbeitsbereich im Haushalt der Familie Häberle, doch heute war in der Metzgerei Not am Mann, denn der Lehrling war unerwartet krank geworden. So musste sie Wurst und Fleisch in die Villa Berg bringen. Anna beeilte sich, denn Häberles Köchin erwartete sie längst zurück in der Küche. Schnell lief sie durch den winterlichen Park den Hügel hinunter. Die frische Luft tat ihr gut. Die kahlen, schneebedeckten Bäume erinnerten sie an zu Hause, und das Heimweh überfiel sie mit aller Macht. Sie seufzte – zu Hause – wie weit lag das zurück. Anna schloss die Augen. Für einige Minuten war sie wieder das kleine Mädchen von einst, das so glücklich war in dem Dorf auf der Schwäbischen Alb. Sie sah es vor sich, das weißgetünchte Häuschen am Rand ihres Heimatdorfes, das vor vielen Jahren ihr Elternhaus gewesen war.

Vor dem Haus wuchs ein Rosenbusch, dessen rote Blüten im Sommer immer einen ganz besonderen Duft verströmt hatten. Jenes Haus mit dem kleinen Garten war Anna stets der Inbegriff von Sicherheit und Geborgenheit gewesen. Ihr Vater hatte jeden Morgen das Haus verlassen mit einer Blechkanne in der Hand, in die ihre Mutter fürsorglich das Essen für den ganzen Tag gepackt hatte. Anna konnte ihn heute noch vor sich sehen, mit seinen schwarzen Stiefeln, die er für die schwere Arbeit im Wald trug.

Einen Tag jedoch würde sie niemals vergessen. Es war ein kalter Wintertag, so wie heute. Der Schlamm auf der Straße war festgefroren. Der Vater verabschiedete sich wie immer, um mit den anderen Waldarbeitern der Gemeinde in den Wald zu gehen. Im Garten lag Schnee, und der Rosenbusch streckte seine dornigen Zweige kahl und traurig in den Himmel. Anna stand am Fenster und winkte ihrem Vater nach, der in der morgendlichen Dunkelheit verschwand.

Bald darauf klopfte es heftig an die Haustür. Anna hörte, wie die Mutter öffnete und vernahm laute und aufgeregte Stimmen, kurz darauf einen erstickten Schrei ihrer Mutter. Voller Angst rannte sie zur Tür. Mehrere Männer standen vor dem Haus, ihre Mutter war kreidebleich und hatte Tränen in den Augen.

„Anna“, schluchzte sie, „ich muss in den Wald. Papa hatte einen schlimmen Unfall. Bleib hier und warte, bis ich wieder zurückkomme.“

Nach einigen Stunden, die Anna wie eine Ewigkeit erschienen, kam die Mutter und berichtete weinend, dass der Vater gestorben war.

Von nun an änderte sich ihr Leben. Die Mutter fand Arbeit auf einem Aussiedlerhof, wo sie oft bis in die Nacht hinein beschäftigt war. Anna lernte zu kochen und übernahm einen großen Teil der Hausarbeit.

Eines Tages, als Anna von der Schule heimkam, war die Mutter bereits von der Arbeit auf dem Hof zurück und erwartete sie mit strahlenden Augen.

„Stell dir vor, Anna, der Johann, der Knecht auf dem Hof draußen, möchte mich heiraten. Dann wären wir mit einem Schlag alle Geldsorgen los." Anna zuckte zusammen. Die Mutter schien es nicht zu bemerken. „Er sagt, er wäre froh, wenn wir bei ihm einziehen würden, nachdem doch seine Frau vor einem halben Jahr im Kindbett gestorben ist und er zusätzlich zu dem Neugeborenen noch seine zwei anderen Kinder zu versorgen hat."

In Annas Ohren rauschte es. Entsetzen griff wie eine kalte Hand nach ihr. Die Fragen überstürzten sich in ihrem Kopf: Hatte sie richtig gehört? Mutter wollte zu Johann ans andere Ende des Dorfes ziehen? Und ihr schönes Häuschen hier? Und überhaupt, was würde dann mit ihr geschehen? Ihr gemeinsames Leben mit all seiner Geborgenheit, das sie nach dem schrecklichen Unfall des Vaters mühsam gemeinsam mit ihrer Mutter aufgebaut hatte, schien plötzlich wie ein Kartenhaus zusammenzufallen.

„Mama, in einigen Jahren werde ich mit der Schule fertig sein, dann kann ich auch Geld verdienen. Wir zwei werden das gemeinsam schaffen. Gibt es denn keine andere Lösung?"

„Ach Anna, eines Tages wirst du dein eigenes Leben führen. Dann werde ich allein zurückbleiben. Versteh doch. Mit Johann bin ich alle Sorgen los."

Anna war wie betäubt. Ein dicker Kloß setzte sich in ihrem Hals fest, der sie daran hinderte weiter zu reden. Was sollte sie auch sagen? Die Mutter schien schon alles geklärt und geplant zu haben. Es gab wohl keinen anderen Weg.

Wie im Traum durchlebte Anna die folgenden Wochen, packte ihre wenige Habe und nahm Abschied von dem geliebten kleinen Haus mit dem Rosenbusch. Dann zogen sie in Johanns Häuschen am anderen Ende des Dorfes. Die ständige Unruhe in der großen Familie fiel Anna unendlich schwer. Sie hatte die liebevolle Zweisamkeit mit ihrer Mutter so geschätzt. Jetzt blieb ihr nur, sich in die kleine Dachkammer zurückzuziehen, die ihr Reich war, wenn sie den Lärm und die Streitereien ihrer Stiefgeschwister nicht mehr aushielt. Bald kündigte sich noch ein Geschwisterchen an. In dem Haus wurde es nun wirklich sehr eng, und Johann machte Anna mehr als einmal deutlich, dass sie hier nur noch geduldet war.

Eines Abends deutete Anna gegenüber der Mutter an, sie wolle nach ihrer Konfirmation in Stellung gehen. Die Mutter stimmte zu. Zu Annas Enttäuschung stellte sie fest, dass ihre Mutter über diese Entscheidung und den Abschied, den sie mit sich bringen würde, keineswegs traurig war. Im Gegenteil, sie schien, fast erleichtert über diesen Plan zu sein.

Schon vor der Konfirmation meldete sich eine Nachbarin. Ihre Nichte war in Stuttgart im Haus eines Metzgermeisters als Dienstmagd tätig. Nun war sie im Begriff zu heiraten.

„Sie hat ja so eine gute Partie gemacht“, erklärte die Nachbarsfrau stolz. „Bei der königlichen Hofmetzgerei wäre jetzt eine Stelle als Küchenhilfe frei. Ist das nichts für die Anna?"

Nach kurzem Nachdenken sagte Anna zu. Die Stelle in der Stadt, von der die Nachbarsfrau so begeistert schwärmte, war mehr, als sie sich erhofft hatte.

Sie verabschiedete sich stolz von ihrer Familie und freute sich auf das Leben in Stuttgart. Etwas wehmütig nahm sie ihre Mutter nochmals in den Arm. Diese wischte sich ein paar Tränen aus den Augenwinkeln.

„Ach Anna, wie freu ich mich für dich. Es ist gut zu wissen, dass du in ein solch gutes, vornehmes Haus kommst."

Tapfer nickte Anna, schluckte die Abschiedstränen hinunter und machte sich auf den Weg. Eines Tages, schwor sie sich, würde sie zurückkommen als vornehme, gut gekleidete Dame aus der Stadt, von allen bestaunt und bewundert.

Der eisige Wind blies Anna ins Gesicht und brachte sie wieder in die Gegenwart zurück. Sie schüttelte den Kopf. Jetzt hatte sie völlig in Gedanken die Zeit vertrödelt. Sie musste sich beeilen. Die Köchin würde schimpfen, wenn sie so spät von ihrem Botengang zurückkam.

Eine dampfende Hitze schlug Anna entgegen, als sie die Küchentür öffnete. Aufgeregt rief die Köchin:

„Gut, dass du endlich hier bist, Anna. Es hat sich unerwartet Besuch angesagt. Die Gnädigste erwartet Gäste. Schnell, beeil dich." Anna stellte sich an den Herd, froh, dass die erwartete Schimpftirade ausgeblieben war. „Schlag zuerst den Spätzleteig. Los, mach schon", trieb die Köchin sie zur Eile an.

„Spätzle, so gut wie sie unsere Anna macht, kann es keine andere“, pflegte Frau Häberle zu ihren Gästen zu sagen.

Anna spürte stets einen Anflug von Stolz, wenn sie dies hörte. Sie konnte das Rezept längst auswendig: 1 kg Mehl, 8 Eier, zwei Teelöffel Salz. Als Kind hatte sie ihrer Mutter oft zugeschaut, wenn sie den Spätzleteig schlug. Später, als sie nach dem Tod des Vaters ihrer Mutter immer mehr Hausarbeit abnahm, hatte sie selbst die Mehlspeise gekocht. Zu Hause hatte sie allerdings immer den Teig mit Wasser verdünnt. Aber hier in Stuttgart liebte es Frau Häberle, wenn der Teig so richtig schön gelb war und man sah, das viele Eier verwendet wurden. Schwungvoll schlug Anna ein Ei nach dem anderen am Rand der Schüssel auf und ließ die Eimasse vorsichtig in den Teig gleiten. Dann rührte sie den Teig, bis er Blasen schlug und schabte ihn über ein Holzbrett in das kochende Wasser. Nach dem Mittagessen spülte sie ab und putzte die Küche.

Erst spät am Abend, nachdem sie nochmals Holz in den Ofen nachgelegt hatte, war Annas Tag zu Ende. Todmüde stieg sie die Treppe hinauf in ihre kleine, fensterlose Kammer unter dem Dach. Trotz ihrer Erschöpfung konnte sie nicht gleich einschlafen. Das Heimweh plagte sie wieder einmal viel zu sehr.

Sie sehnte sich nach den Wiesen und Wäldern der Schwäbischen Alb. Dort konnte sie, wenn sie aus dem Fenster schaute die Sonne und den Himmel sehen,. Die Luft war klar und, sobald dann der Frühling kam, duftete es nach Blumen und Gras. Hier in Stuttgart dagegen war die Luft meist stickig und staubig. Oft stockte ihr der

Atem, wenn sie aus dem Haus ging, um die Besorgungen zu erledigen, die ihr die Köchin auftrug. Wenn sie aus dem Küchenfenster schaute, sah sie nur Häuser und Mauern. Sie fühlte sich in dem vornehmen Haus wie eingesperrt. Am meisten jedoch sehnte sie sich nach ihrer Mutter. Einmal nur ihre Hand zu spüren, die ihr über die Haare strich, wünschte sie sich immer wieder. Selbst die streitenden Geschwister fehlten ihr manchmal. Doch ein Besuch in ihrem Heimatdorf war unmöglich. Für eine Reise von Stuttgart auf die Schwäbische Alb reichten weder Geld noch Zeit. Bevor ihr vor Heimweh die Tränen kamen schlief Anna vor Erschöpfung ein.

Stuttgart April 1907

Frühlingssonnenschein

Es nicken die duftigen Rosen
Ins offene Fenster hinein,
Und grüßen mich herzinnig
Vom Lenz und Sonnenschein.
O schöner, holder Frühling,
O bliebest du ewig da,
Wie fühlt' ich da die Wonne
Des offenen Himmels mir nah!
Wie wäre der Schmerz und die Sorgen
Der frohen Seele so fern,
Wie glühte dann rein und edel
Der ewigen Liebe Stern!
O goldner Frühling, ziehe
Ins Herz mir tief hinein,
Daß ewig drinnen leuchte
Dein holder Sonnenschein!
(Wera von Württemberg)

Es war einer der ersten Frühlingssonntage des Jahres, der die Menschen ins Freie lockte, um die warmen Sonnenstrahlen zu genießen. Wie üblich in der Fastenzeit wollte Wera der russisch-orthodoxen St. Nikolauskirche in der Seidenstraße einen Besuch abstatten, um in der Passionszeit des Leidens Christi zu gedenken. Sie liebte dieses Gotteshaus, zu dem sie eine ganz besondere Beziehung hatte. Nach dem Tod von Tante Olly war die russisch-orthodoxe Hofkapelle im Schloss abgebaut worden.

Die sakralen Gegenstände kamen zu Wera in die Villa Berg. Die russisch-orthodoxe Gemeinde in Stuttgart brauchte einen neuen Versammlungsort. Hilfesuchend hatte sich Wera daraufhin an Zar Alexander gewandt, der 50 000 Rubel für eine russisch-orthodoxe Kirche zur Verfügung stellte. Auch Wera unterstützte das Vorhaben und stiftete eine Glocke, die später sogar nach ihr benannt wurde. Die Inneneinrichtung, die Wera von der Hofkapelle Königin Olgas übernommen hatte, stellte sie ebenfalls zur Verfügung. So bedeutete diese Kirche für sie in vielerlei Hinsicht eine Verbindung zu ihren Wurzeln in Petersburg. Auch heute freute sich Wera darauf, dieser besonderen Gemeinde einen Besuch abstatten zu können. Sie ließ den Wagen vorfahren. Obwohl sie Pferde über alles liebte, zog sie seit einiger Zeit doch die moderne Bequemlichkeit des Automobils vor. Mit zunehmendem Alter wurde das Reiten immer beschwerlicher. Welch ein Segen war da der technische Fortschritt und die Erfindung des Automobils. Freundlich wurde Wera unterwegs von den Stuttgartern gegrüßt. Die Leute blieben stehen und staunten. Es erregte immer wieder die Aufmerksamkeit der Passanten, wenn sie mit ihrem Automobil durch die Stadt fuhr. Mehrmals hielt sie an für ein kleines Schwätzchen und erkundigte sich nach dem Ergehen der Menschen und ihren Nöten. Sie spürte, wie gut es den Menschen tat, wenn sie Anteil an ihrem Leben nahm. Die Wertschätzung, die ihr von der Bevölkerung entgegengebracht wurde, machte Wera große Freude und bestätigte ihr immer wieder aufs Neue, wie beliebt sie bei den Stuttgartern war. Wieder einmal war sie dankbar und glücklich über diese Stadt und ihre Menschen, die ihr zur Heimat geworden war. Sie fuhren durch den Rosensteinpark. Die prallen Knospen der Bäume standen kurz vor dem Platzen. In einigen Wochen würde hier alles in voller Blütenpracht stehen. Das schöne Wetter schien auch die Menschen hier im Park zu beflügeln. Wera wollte die Fahrt genießen und bat den Fahrer, langsam zu fahren. Plötzlich stutzte sie und schaute prüfend das Mädchen an, das ihr entgegenkam, freundlich grüßte und knickste. Sie ließ kurz anhalten. Irgendwoher kannte sie diese nette junge Frau. Sie trug ein hübsches Kleid, das zwar nicht der neuesten Mode entsprach, jedoch ihre schlanke Figur deutlich unterstrich. Auch das kleine Hütchen, unter dem neckisch einige blonde Löckchen hervorschauten, stand ihr gut. Jetzt fiel es Wera wieder ein: Dieses Mädchen hatte vor einigen Monaten Ware der Metzgerei Häberle gebracht. Doch wie hatte sie sich verändert! Die Augen, die sie damals so traurig und gehetzt angesehen hatten, strahlten sie jetzt mit einem fröhlichen Lächeln an.

„Guten Morgen“, antwortete Wera auf Annas Gruß. „Du bist heute so fröhlich. Geht es dir gut hier in Stuttgart?“, erkundigte sich Wera. Anna hielt inne, knickste.

„Oh, ja. Es ist sehr schön hier. Insbesondere heute, da die Sonne scheint. Dann ist es nicht so trübsinnig wie im Winter.“

„Dann wünsche ich dir einen schönen Sonntag. Wohin geht denn dein Weg?“

„Zum Stadtwald“, antwortete Anna, „Die Bäume erinnern mich ein wenig an meine Heimat auf der Schwäbischen Alb.“

„Wie schön, einen wundervollen Tag noch“, erwiderte Wera freundlich und ließ wieder anfahren.

„Vielen Dank", wieder knickste Anna und lief dann eilig weiter. Heute hatte sie etwas ganz Besonderes vor. Sie wollte sich mit Jakob, dem Sohn ihrer Dienstherrschaft, im Stadtwald treffen.

Lange war Jakob auf Reisen gewesen und erst vor kurzem heimgekehrt. So hatte sie ihn vor einigen Wochen kennengelernt. Anna lächelte, als sie daran dachte, wie verlegen sie gewesen war, als sie den jungen Mann zum ersten Mal sah. Nur mit Mühe konnte sie ein nervöses Zittern verbergen, als sie das Essen servierte und Jakob zu ihrer Überraschung mit seinen Eltern am Tisch saß. Der junge blonde Metzgersohn hatte ihr von Anfang an gefallen und ihr seither manch schlaflose Nacht bereitet. Immer wieder hatte sie davon geträumt, er möge eines Tages mehr in ihr sehen als nur das kleine, unscheinbare Dienstmädchen. Wenn er um den Weg war, hatte sie sich stets noch mehr bemüht, ihre Arbeit gut und richtig zu machen.

Einige Tage später war die Gnädigste übers Wochenende zu Besuch bei ihrer Schwester und der Metzgermeister wie immer samstags unterwegs, um Schlachtvieh einzukaufen. Daher saß der Metzgersohn allein am Tisch. Als Anna den Nachtisch servierte, hielt Jakob sie neckisch an der Schleife ihrer Schürze fest.

„Nicht so eilig, Anna. Es ist nicht sehr angenehm allein bei Tisch. Wir können uns doch ein wenig unterhalten", lachte er.

„Ein ander Mal, gnädiger Herr, jetzt ruft die Pflicht", stotterte Anna, knickste verlegen und verschwand schnell in der Küche.

Am nächsten Tag erwartete Jakob sie, als sie im Keller den Korb mit Feuerholz füllen wollte, und nahm ihr den schweren Korb ab. Wie zufällig strich er dabei über ihren Arm. Anna spürte, wie sie errötete. Auf ihrem Rücken fühlte sie eine Gänsehaut.

Immer öfter passte Jakob sie ab für ein freundliches Schwätzchen, wenn sie unterwegs in den Keller war. Später wurde die Ecke im Hinterhof zu ihrem geheimen, regelmäßigen Treffpunkt. Allmählich gab es für sie keine Zweifel mehr: Jakob erwiderte ihre Zuneigung. Gingen jetzt tatsächlich ihre kühnsten Träume in Erfüllung? Von nun an ging Anna die Arbeit leichter von der Hand, denn es gab etwas, auf das sie sich immer wieder neu freuen konnte. Die gemeinsamen Treffen wurden zu ihrem süßen kleinen Geheimnis.

Sie genoss es, wenn Jakob sie in den Arm nahm. Dann schmolz alle Einsamkeit dahin, die sich seit ihrem Abschied von ihrer Familie wie ein Eisklotz in ihrem Herzen festgesetzt hatte. In jenen Momenten fühlte sie sich geborgen, und eine tiefe Wärme breitete sich in ihr aus.

Jakob betonte immer öfter, wie sehr er Anna liebte. Sie war selig und ging wie auf Wolken. Eines Tages, so träumte sie, würde sie ihr schwäbisches Heimatdorf besuchen als angesehene Geschäftsfrau. Sie würde mit einem wunderschönen Kleid und einem modischen Hut die Straße entlanggehen. Hinter ihr würden die Leute tuscheln.

„Ist das nicht die Anna, die einst als Dienstmagd nach Stuttgart ging? Respekt, was aus ihr geworden ist." Dann würde die Mutter sie voller Freude in den Arm nehmen, und ihre Geschwister wären stolz auf die große

Schwester. Anna liebte diesen Traum. Er war ihr ganz persönliches Geheimnis und half ihr, die langen Arbeitstage, den schweren Dienst und ihr Heimweh auszuhalten.

Verträumt winkte Anna dem herzoglichen Automobil hinterher, doch dies war bereits um die Ecke verschwunden. Schnell lief sie weiter. Schließlich wollte sie Jakob nicht warten lassen, nachdem sie sich heute zum ersten Mal im Stadtwald verabredet hatten.

Juli 1908

Nichts bleibt
Tage kommen und gehen
Alles bleibt wie es ist
Nichts bleibt wie es ist
Es zerbricht wie Porzellan
Du bemühst dich,
die Scherben zu kleben
zu einem Gefäß
und weinst
weil es nicht glückt.
(Rose Ausländer)

Wera griff nach der Zeitung, die ihr jeden Morgen beim Frühstück Gesellschaft leistete. Plötzlich hielt sie inne. Der Bissen blieb ihr im Hals stecken angesichts der Meldung, die sie las. Noch einmal ging sie mit ihren Augen die Zeilen entlang. Die Ungeheuerlichkeit des Vorfalls, der hier beschrieben wurde, ließ das Blut in ihren Adern gefrieren.

Ein junges lediges Mädchen, jünger als ihre eigenen beiden Töchter, hatte einen kleinen Sohn geboren. Ganz allein brachte sie im Wald ihr Kind zur Welt. Wera schüttelte es. Sie dachte an ihre eigenen Schwangerschaften und Geburten unter der Obhut der besten Ärzte des Landes. Unvorstellbar, in diesen schweren Stunden ganz allein auf sich gestellt zu sein. Bereits die ersten Sätze des Zeitungsartikels machten Wera wütend und traurig. Erschüttert las sie weiter. Mit der Geburt ihrer Kinder hatte für Wera damals eine glückliche, erfüllte Zeit begonnen. Für dieses Mädchen jedoch wurde durch dieses Ereignis eine Katastrophe in Gang gesetzt. Ein Reporter berichtete voller Abscheu über die junge Frau, die hier in Stuttgart Dienstmagd gewesen war. Allein auf sich gestellt fand sie keine Bleibe für sich und ihr Neugeborenes. In ihrer Ausweglosigkeit hatte sich die junge Mutter nicht anders zu helfen gewusst, als ihr Baby umzubringen.

Ein Schauer lief Wera über den Rücken. Wie groß musste die Not einer Mutter sein, wenn sie eine solche Tat beging! Dann hatte die Frau offensichtlich versucht, auch ihrem Leben ein Ende zu setzen. An diesem Vorhaben war sie von einigen empörten. Stuttgartern gehindert worden. Der Zeitungsartikel endete mit den Worten: *„Nun sitzt die Kindsmörderin im Zuchthaus, um ihrer gerechten Strafe entgegenzusehen.“*

Wie entsetzlich, wie furchtbar. Wera konnte sich nicht beruhigen angesichts dieser Lebenskatastrophe. Was für eine unermessliche Not. Sie wandte sich seufzend an Hasso:

„Heute fällt der Spaziergang etwas kürzer aus. Tut mir leid, mein Guter. Ich wäre auch lieber wandern gegangen, aber heute muss ich noch ins Frauengefängnis.“

Einige Stunden später fand sich Wera in einem düsteren, vergitterten Raum des Zuchthauses wieder. Wie ein Fremdkörper fühlte sie sich in dieser schmutzigen Umgebung, die alle Hoffnungslosigkeit der Anstalt auszudrücken schien. Eine Frau wurde hereingeführt. Wera wusste nicht, was sie erwartet hatte, doch der Anblick erschütterte sie zutiefst. Mit gesenktem Kopf und hängenden Schultern stand die Gefangene vor ihr. Ihr mageres Gesicht war bleich und eingefallen. Ihre Haltung drückte nichts als Trostlosigkeit aus. Obwohl ihre Haare straff im Nacken zusammengebunden waren, machten sie einen ungepflegten, strähnigen Eindruck. Die junge Frau versuchte ihre roten, rissigen Hände in den Falten ihres schmutzigen Rockes zu verbergen.

Selbst als Wera die Gefangene begrüßte, hob sie ihre Augen nicht. Kaum vorstellbar, dass diese bedauernswerte Frau zehn Jahre jünger ist als meine eigenen Töchter. Ich hätte sie, wenn ich es nicht besser wüsste, für eine Greisin gehalten, dachte Wera bestürzt. Was mache ich hier? Die Unterschiede zwischen uns beiden könnten nicht größer sein. Ich habe ein angenehmes Leben und eine liebevolle Familie. Sie ist einsam, allein, zerbrochen. Ich kann mir nicht vorstellen, wie ich ihr helfen kann. Wie konnte ich nur so unüberlegt einfach losfahren? Wera schwieg. Das Leid, das sie hier vor sich sah, schien sie zu erdrücken. Und doch konnte sie den Raum nicht einfach wieder verlassen. Sie wollte irgendetwas für diese arme Frau tun, aber sie konnte nur still abwarten. Jedes Wort schien hier fehl am Platz. Schließlich ergriff sie hilflos beide Hände der Gefangenen. Sie waren kalt und zitterten. Voller Mitgefühl führte Wera die Frau langsam zu den beiden Stühlen in der Ecke, die fast den ganzen Raum auszufüllen schienen. Wera setzte sich. Auch die Frau nahm Platz und barg ihr Gesicht schluchzend in den Händen.

Nach einiger Zeit ermunterte Wera sie schließlich vorsichtig, zu erzählen, wie es zu dem Verbrechen gekommen war.

Erschrocken schaute die Frau auf. Wera zuckte zusammen. Diese Augen, dieses Gesicht kannte sie. Doch wie sehr hatte es sich verändert!

„Anna? Du bist das?“ fragte Wera schockiert. Anna nickte.

„Hoheit erinnern sich noch an mich?“ fragte Anna schließlich zaghaft nach einer Zeit des Schweigens, die Wera wie eine Ewigkeit vorgekommen war.

„Natürlich, Anna, wie könnte ich dich vergessen.“

Nur mit Mühe konnte Wera ihr Entsetzen verbergen. Was ist aus diesem netten, hübschen Mädchen geworden, das sie vor einem Jahr so freundlich gegrüßt hatte? Damals hatte sie sich über das fröhliche Lächeln so gefreut und heute?

„Ach Anna, was ist geschehen?“ fragte Wera teilnahmsvoll und konnte ihre Tränen kaum zurückhalten.

Wieder schwieg Anna lange. Dann begann sie zögernd zu erzählen, von Jakob, ihrer großen Liebe. Mit stockender Stimme fuhr sie fort:

„Es war so schön mit Jakob. Ja, ich habe ihn geliebt. Doch eines Tages spürte ich eine unangenehme Übelkeit, während ich in der Küche stand. Mir wurde schwindlig, und ich hielt mich am Tischrand fest. Allmählich ließ dieses Gefühl nach, aber der Schreck saß tief. Wenn ich ganz ehrlich war, so musste ich jetzt der Wahrheit ins Gesicht sehen. Mit einem Mal stand es mir glasklar vor Augen. Ich erwartete ein Kind von Jakob.“ Anna schluckte. Das Reden fiel ihr schwer. Aufmunternd schaute Wera sie an. Vielleicht tat es Anna gut, einmal ihre ganze Not auszusprechen. Mit monotoner Stimme, als wäre es nicht ihre eigene Geschichte, die sie erzählte, sprach Anna weiter:

„Lange lag ich an jenem Abend noch wach. Meine Gedanken gingen immer wieder im Kreis: Warum musste das gerade mir passieren? Und doch: Hatte Jakob seine Liebe nicht oft genug betont? Ich hatte immer ein wenig Angst gehabt, ihn zu verlieren, wenn ich seinem Drängen nicht nachgab. Da beschloss ich, so bald wie möglich mit ihm zu reden. Damals war ich überzeugt, Jakob würde zu mir und seinem Kind stehen. Wir würden bald heiraten, und dann wären wir eine richtige Familie. Alles wäre gut. Doch es kam ganz anders."

Anna stockte und schwieg. Still saß Wera neben ihr und strich immer wieder beruhigend über ihre abgearbeiteten Hände. Schließlich fuhr Anna fort:

„Das Gespräch am folgenden Sonntagnachmittag verlief nicht so, wie ich gehofft hatte. Jakob war wütend, er tobte und machte mir Vorwürfe, nicht aufgepasst zu haben. Als ich schließlich in Tränen ausbrach, beruhigte er sich. Jakob versprach, mit seinen Eltern zu reden und sich dann wieder zu melden." Wieder schluckte Anna und schaute auf den Boden, als sie weiterredete.

„Es war das letzte Mal, dass er mit mir sprach. Später erfuhr ich, dass er für längere Zeit wieder nach Hamburg gereist war, offiziell um sich weiterzubilden. Ich wusste es besser. Deutlicher konnte mir Jakob nicht zeigen, dass ich ihm egal bin. Damals ist für mich eine Welt zusammengebrochen", schluchzte Anna.

Nachdem sie sich etwas beruhigt hatte, berichtete sie weiter.

„Ich verspürte fast so etwas wie Erleichterung, als ich eines Tages von Frau Häberle zu einem Gespräch gebeten wurde. Mein Bauch, der immer dicker wurde, ließ sich eh kaum mehr unter meinem Rock verbergen. Schweigend, mit verächtlichem Blick musterte mich Frau Häberle von oben bis unten. Schließlich blieb ihr Blick an der Wölbung unter meiner Schürze hängen. Es war schrecklich. Ich kam mir so erbärmlich vor. Als wäre es gestern gewesen erinnere ich mich an dieses Gespräch."

‚Anna, hast du mir etwas zu sagen?' fragte Frau Häberle schließlich. Ich schwieg. Nein, ich hatte nichts zu sagen. Ich wusste, wenn ich meinen Mund öffnete, kämen nur Tränen. Ich wollte nicht weinen, nicht jetzt in diesem Salon

‚Du willst nicht reden? So störrisch kenne ich dich gar nicht. Also gut, dann frage ich dich: Erwartest du ein Kind?'

Ich nickte. Jetzt konnte ich die Tränen nicht mehr zurückhalten. Dann trafen mich Wut und Verachtung von Frau Häberle mit unerwarteter Wucht. ‚Anna!' Ihre Stimme überschlug sich ‚Was hast du dir dabei gedacht! Ich bin entsetzt! Nie hätte ich dir einen solchen Fehltritt zugetraut! Du und ein Bastard!' Ich schlug die Hände vors Gesicht, als könnte ich mich so vor den Vorwürfen schützen, die auf mich niederprasselten.

‚Aber der Jakob hat doch gesagt ...' Weiter kam ich nicht. Wütend schimpfte die Metzgersfrau:

‚Anna! Du willst Jakob dein Kind andrehen? Wie kannst du nur! Niemals hätte ich dich ins Haus gelassen, wenn ich das gewusst hätte.'

‚Aber Jakob ist der Vater meines Kindes. Ich bin ganz sicher', antwortete ich mit zitternder Stimme. Doch davon wollte Frau Häberle überhaupt nichts wissen. Mit rotem Kopf und erhobener Stimme erwiderte sie:

‚Jakob hat mir glaubhaft versichert, er könne auf gar keinen Fall der Vater sein. Ihm kannst du also dein Balg nicht anhängen.'

‚Kann ich mit ihm reden. Ich will, dass er mir das selbst sagt', rief ich verzweifelt. Doch sie antwortete nur:

‚Nein. Du wirst Jakob nicht mehr treffen, hörst du, nie mehr.'

Da wurde mir plötzlich schwindlig. Damit hatte ich nicht gerechnet. Wie konnte mir Jakob das antun? Er ließ mich einfach im Stich. Dabei war es doch auch sein Kind, das ich unter dem Herzen trug. Das Zimmer um mich begann sich zu drehen, ein dunkler Vorhang schob sich vor das wutverzerrte Gesicht von Frau Häberle. Wie in weiter Ferne vernahm ich ihre Stimme:

‚Anna, Anna, um Himmels willen, mach doch die Augen auf.' Als ich mich umblickte, sah ich, dass ich auf dem Sofa meiner Dienstherrschaft lag. Sie schaute mich mit kreidebleichem Gesicht an.

‚Kind, was bin ich froh, dass du wieder zu dir gekommen bist. Du hast mir vielleicht einen Schrecken eingejagt.' Ich schaute sie nur stumm an, reden konnte ich nicht. Schließlich sagte Frau Häberle: ‚Ich bringe es nicht übers Herz, dich einfach so auf die Straße zu jagen. Du kannst bis zu deiner Niederkunft hier arbeiten und wohnen. Aber ich sage es ganz deutlich, ich tue das aus reiner Nächstenliebe, nicht weil ich dazu verpflichtet bin.' Ich schaute sie schweigend an. Zum Antworten fehlte mir einfach die Kraft. So fuhr sie fort: ‚Auch hinterher würde ich dich als Dienstmagd weiterbeschäftigen, schließlich bist du eine gute Arbeitskraft. Aber für deinen Bastard musst du dir nach einem anderen Platz umsehen. Das Balg können wir hier nicht auch noch gebrauchen.‘

‚Aber‘, versuchte ich einzuwenden, wurde jedoch gleich wieder unterbrochen.

‚Kein Aber. Du kannst dankbar sein, dass ich dir nicht gleich die Tür weise. Wie ich sehe, hast du ja noch einige Wochen Zeit, um eine Lösung zu finden.‘

Anna schaute Wera schweigend an. Die Stille wurde von durchdringendem Türenknallen unterbrochen. Ein Gefängnisaufseher betrat den Raum und rief mit lauter Stimme:

„Ende der Besuchszeit!“

Bevor sich Wera verabschieden konnte, packte er Anna grob am Arm und zog sie zur Tür hinaus.

Wera verließ den bedrückenden Raum und wurde von einem der Wärter durch enge, dunkle Gänge zum Ausgang geführt. Noch immer in Gedanken folgte sie schweigend dem Mann. Als er das Tor öffnete, um Wera zum Wagen zu geleiten, sah er sie fragend an.

„Hat Er etwas zu sagen? So rede Er doch“, ermunterte Wera ihn. Der Mann platzte heraus:

„Verzeihung, Eure Hoheit, aber ich kann Eure Hoheit nicht verstehen. Wie könnt Ihr Euch mit dieser Kindsmörderin abgeben. Das hat sie nicht verdient. Sie ist doch der letzte Abschaum!“

Wera schaute den Mann an und zeigte auf das einfache Holzkreuz, das am Ende des langen Ganges hing.

„Weiß Er denn nicht, dass Christus auch für die Schuld dieser armen, bedauernswerten Frau gestorben ist?“ Sie hatte die Tür erreicht und verabschiedete sich: „Auf Wiedersehen.“

Der Besuch im Gefängnis ließ Wera nicht mehr los. Annas Lebensgeschichte beschäftigte sie Tag und Nacht. Wera hatte schon des öfteren von Dienstmädchen gehört, die ihre Stelle aufgeben mussten, weil sie ein Kind erwarteten. Solche Vorfälle passierten immer wieder. Doch was war in Annas Leben geschehen, dass es zu einer solchen Katastrophe kommen konnte? Anna war ihr ans Herz gewachsen, ihr Schicksal ließ sie nicht mehr los. Sie musste erfahren, wieso dieses einst so fröhliche Mädchen zu einer Kindsmörderin wurde.

So saß Wera einige Tage später wieder im Zuchthaus und wartete, bis Anna von einem mürrischen Gefängniswärter hereingeführt wurde. Nachdem sie Wera begrüßt hatte, setzte sich Anna und schwieg. Schließlich sagte Wera:

„Anna, du erzähltest mir von dem Gespräch mit deiner Dienstherrin, aber wie erging es dir dann weiter?"

Zunächst schaute Anna stumm auf den schmutzigen Boden. Unruhig bewegte sie ihre Füße hin und her, dann seufzte sie und begann zu erzählen.

„Schließlich bat ich um einige freie Tage. Ich brauchte einen Platz, eine Heimat für mich und das Kind. Ich musste meine Mutter aufsuchen. Wer sonst sollte mir denn noch helfen können? Also machte ich mich an einem heißen Sommermorgen auf den Weg.

Am späten Nachmittag erreichte ich mein Heimatdorf. Ich suchte ein schattiges, ruhiges Plätzchen am Wald und zog die Schuhe von den schmerzenden Füßen. Hier wollte ich warten, bis die Dunkelheit hereinbrach. Dann, im Schutz der Dämmerung, wollte ich unbemerkt und unerkannt zum Haus meiner Mutter gehen. Schneller, als mir lieb war, ging die Sonne unter. Wenn ich die Mutter noch antreffen wollte, bevor sie zu Bett ging, musste ich nun den schweren Gang antreten. Mühsam erhob ich mich. Am liebsten wäre ich hier am Waldrand sitzengeblieben, eingeschlafen und nie mehr aufgewacht. Doch dann dachte ich an mein Kind und wusste, ich bin es ihm schuldig. Ich musste für mein Kind sorgen. Vorsichtig klopfte ich an die Haustür. Natürlich hatte ich nicht erwartet, dass meine Mutter mich angesichts meines Zustands begeistert empfangen würde, doch auf die Reaktion, die nun kam, war ich nicht gefasst. Meine Mutter öffnete die Tür. ‚Anna', flüsterte sie. ‚Um Himmels willen Anna! Wenn dich der Joseph so sieht. Er schlägt dich tot und mich dazu. Schnell, komm.' Die Mutter zog mich am Arm hinter das Haus und öffnete das Tor zum Schweinestall. ‚Geh hier hinein. Ich komm später wieder. Lass dich vor niemandem blicken, hörst du?' Ich setzte mich müde in eine Ecke. Trotz des Gestanks und des Lärms der Tiere muss ich wohl eingeschlafen sein. Ich erwachte, als ich unsanft an den Schultern geschüttelt wurde. Dann hörte ich die vertraute Stimme meiner Mutter: Für einen kurzen Augenblick dachte ich erleichtert: Jetzt wird alles gut. Doch dann flüsterte sie:

‚Du musst sofort weg! Du kannst unmöglich hier bleiben. Der Joseph bringt dich um. Wie konntest du dir auch einen Bastard andrehen lassen, Anna.' Ich sah sie entsetzt an. Tränen liefen ihr übers Gesicht, als sie fortfuhr: ‚Im letzten Jahr hat sich so vieles hier geändert. Es gab Unwetter und Missernten, Joseph wurde entlassen. Seither geht er jeden Abend zum Schnaps saufen in den Hirschen. Wenn er heimkommt ist er unerträglich. Er hat dich doch nicht gesehen oder?‘ Sie schaute mich voller Angst an. Ich schüttelte den Kopf. Als sich Mutter eine Haarsträhne aus dem Gesicht strich, sah ich eine dicke, blutige Schramme, die quer über ihre Stirn lief. Jetzt entdeckte ich auch die blauen Flecken auf ihren Armen.

‚War er das?‘ fragte ich bestürzt. Die Mutter nickte traurig.

‚Es tut mir so leid für dich, Anna. Aber du kannst hier nicht bleiben. Es würde niemals gut gehen, das musst du verstehen. Du musst hier weg, so schnell wie möglich. Bitte‘, fügte sie hinzu. Entsetzt fragte ich:

‚Aber wohin soll ich denn gehen? Du warst meine letzte Hoffnung. Ich hab doch sonst niemanden.‘ Mutter zuckte ratlos mit den Schultern.

‚Ich weiß es nicht. Ich kann dir nicht helfen. An dem Balg bist du schließlich selbst schuld. Schau, wie du zurechtkommst. Hier hab’ ich was für dich.‘ Sie stellte ein Glas Milch, eine Scheibe Brot und einen Krug Wasser auf den Boden.

Noch vor Morgengrauen machte ich mich am kommenden Tag auf den Rückweg. Schließlich erreichte ich den Neckar an der Stadtgrenze zu Stuttgart. Müde setzte ich mich an den bewaldeten Flussrand. Mein Rücken schmerzte seit einigen Stunden immer stärker. Mir wurde übel, und ich zog mich weiter in den Wald zurück. Die Schmerzen wurden immer schlimmer. Schließlich gebar ich dort meinen kleinen Sohn.“ Die junge Frau weinte vor sich hin. Wera schwieg und wartete. Nach einiger Zeit, die ihr wie eine Ewigkeit vorkam, beruhigte sich Anna und fuhr fort:

„Lange betrachtete ich das blutige Bündel, das neben mir im Gras lag. War das mein Kind, das Balg, das niemand haben wollte? Zärtlich drückte ich mein Kind Es konnte doch nichts dafür, es sah so hilflos aus.

„Doch, ich will dich. Ich liebe dich. Du bist der einzige Schatz, den ich habe“, flüsterte ich immer wieder. Vorsichtig strich ich über das runzlige Gesicht und die feuchten Haare des Säuglings. Plötzlich fing er an zu weinen. Ich erschrak.

„Sei doch leise, zu verrätst uns“, flüsterte ich. Doch das Stimmchen wurde immer lauter und kräftiger. „Du musst leise sein. Sei doch still.“ Voller Panik drückte ich dem Kleinen den Mund zu. Er sollte ruhig sein. Allmählich wurde sein Schreien immer leiser, dann hörte es ganz auf. Plötzlich war er ganz still. Ich war froh, jetzt konnte er uns nicht mehr verraten. Erleichtert nahm ich meine Hand weg und betrachtete das Neugeborene. Seine Lippen waren ganz blau, und er bewegte sich nicht mehr. Auf einmal bekam ich Angst und schüttelte das Kleine Es reagiert gar nicht. Leblos lag es da. Was war los? Warum war es so still? War es eingeschlafen? Ich nahm es in den Arm, es war ganz warm. Dann schloss ich die Augen. Ich war furchtbar müde. Als ich wieder aufwachte, betrachtete ich lange mein Kind. Es lag immer noch ganz ruhig in meinem Arm. Dann merkte ich, dass es gar nicht mehr atmete. Die Gedanken überschlugen sich in meinem Kopf. Ich war völlig durcheinander und wusste überhaupt nicht, was ich machen sollte. Mit einem Mal war mir klar, dass mein Kind tot war. Und das Schlimmste ist: Ich war unsagbar froh, denn für einen Moment dachte ich, dass dies die beste Lösung wäre. Was sollen wir auch in dieser unbarmherzigen Welt, in der uns sowieso niemand will?" Tränen liefen Anna über die Wangen. Sie wiederholte immer wieder: „Verstehen Sie, ich war froh, dass mein Kind tot war. Ich bin schuld am Tod meines Kindes. Ich bin schuld. Ich habe mein Kind umgebracht. Ich bin schuld." Sie schlug die Hände vors Gesicht, wiegte ihren Oberkörper hin und her und weinte hemmungslos.

Wera war tief erschüttert über Annas Lebensgeschichte und suchte vergeblich nach tröstlichen Worten. Schließlich umarmte sie Anna wortlos und weinte mit ihr. Sie fühlte eine seltsame Verbundenheit mit Anna, die, wie sie selbst und doch auf ganz andere Weise, den Verlust ihres ersten Kindes erlitten hatte und mit diesem Leid leben musste.

Stuttgart 1909

Was nicht zur Tat wird
Hat keinen Wert.
(Gustav Werner)

Wera betrachtete nachdenklich den Brief, der ihr soeben von ihrer Hofdame Frau von Roedern gebracht wurde. Sie hielt ihn einige Minuten auf ihrer flachen rechten Hand, als wollte sie sein Gewicht prüfen, obwohl dies wohl kaum etwas über die schwerwiegenden Folgen seines Inhalts aussagen würde. Mehrmals drehte sie den Umschlag hin und her. Er war ihre letzte Hoffnung. Wie viele Briefe hatte sie in den letzten Wochen geschrieben, bittend, flehend, um Mithilfe und Unterstützung suchend? Längst hatte sie aufgegeben, sie zu zählen. Leider war ihre Mühe ohne Erfolg geblieben. An unzählige Türen hatte sie geklopft, viele Gespräche geführt, ohne irgendwo ein Fünkchen Verständnis für ihr Anliegen zu finden. Im Gegenteil, die Ablehnung, ja oft genug auch die Häme, die ihr entgegenschlugen, hatten sie zeitweise getroffen wie ein unerwartet harter Schlag ins Gesicht. Ihr Bittschreiben an eine vornehme, angesehene und engagierte Stuttgarter Familie war ein letzter Versuch gewesen. Konnte sie überhaupt noch etwas erwarten von dieser Antwort? Zu viele Enttäuschungen hatte sie in den letzten Wochen erlebt. Entschlossen griff Wera nach ihrem goldenen Brieföffner. Sie musste sich der Antwort stellen, egal wie sie aussehen würde. Vorsichtig schlitzte sie das Kuvert auf und faltete das Schreiben auseinander. Ihre Augen glitten über die Anfangszeilen. Nachdem sie die ersten Sätze gelesen hatte, ließ sie enttäuscht die Hände sinken. Mit großem Befremden wurde ihr Vorhaben zur Kenntnis genommen, so konnte sie lesen. Für ihre Bitte, für die Gründung eines Heimes für ledige Mütter finanzielle Mittel zur Verfügung zu stellen, hatte man kein Verständnis, da dadurch der Unmoral Vorschub geleistet würde. Den Lebenswandel dieser Frauen wolle man in keinster Weise unterstützen. Man war auf gar keinen Fall bereit, für solch ein Vorhaben Geld zu geben.

Wera konnte nur mit Mühe die Tränen der Enttäuschung zurückhalten. Ihre Hände zitterten. Zornig knüllte sie das Papier zusammen und warf es gegen die Wand. Dann sprang sie auf, um das Fenster zu öffnen. Sie brauchte frische Luft. Tief atmete sie durch. Mit langen, energischen Schritten lief sie durch den Raum. Die Bewegung half ihr, die Gedanken zu sortieren. Allmählich beruhigte sie sich. Sie konnte die Ablehnungsbescheide kaum noch zählen, die als Antwort auf ihre Bittschreiben zurückgeschickt worden waren. Weder kirchliche noch weltliche Würdenträger zeigten Hilfsbereitschaft oder auch nur annähernd Verständnis für die Not, die Wera Tag und Nacht umtrieb und ihr oft genug den Schlaf raubte. Nicht einmal bei der königlichen Verwandtschaft stieß sie mit ihrem Anliegen auf offene Ohren, obwohl sonst König Wilhelm II und seine Frau Königin Charlotte für soziale Belange stets aufgeschlossen waren.

„Für Huren und ihre Bastarde gibt es in diesem Land kein Geld."

Diese Einstellung wurde ihr ständig wie ein nasser Lappen um die Ohren geschlagen, so kam es ihr vor. Ja damals, als sie anlässlich ihrer Hochzeit für Kriegswaisen um Spenden gebeten hatte, war sie auf offene Ohren gestoßen. Für Kinder, deren Väter ihr Leben im Krieg gegen Frankreich gelassen hatten, gab es viel Mitleid und Unterstützung. Doch um ledige Mütter und Kinder, deren Väter sich aus dem Staub gemacht hatten, wollte sich niemand kümmern.

„Diese Selbstgerechtigkeit, sie widert mich an", knurrte Wera wütend. „Es sind viel zu viele junge Mädchen, die unverheiratet schwanger werden und dann von aller Welt verlassen sind. Sie haben überhaupt keine Chance, aus ihrer ausweglosen Situation herauszukommen." Wera schlug mit der Faust auf das Fensterbrett. Warum rannte sie denn hier gegen Mauern? Sie verstand die Welt nicht mehr. „Dabei sind allzu oft die Lebensumstände dieser armen Frauen und die Situation in ihren Dienststellen Schuld daran, dass sie in solch missliche Lagen geraten sind", schimpfte sie weiter. „Die Kindsväter entziehen sich ihrer Verantwortung. Ihre Kinder haben keine Möglichkeit auf ein menschenwürdiges Leben. Diese armen Menschen brauchen eine Zufluchtsstätte. Es ist unsere Christenpflicht, hier nicht die Augen zu verschließen."

Wenn Wera an Annas Leben dachte, dann packte sie immer wieder die kalte Wut. Mit großer Betroffenheit erinnerte sie sich an die Besuche im Frauengefängnis. Wera schien es, als hätte keines ihrer Worte Annas Herz erreicht. Die Verzweiflung umgab ihre Seele wie eine dicke Mauer, durch die kein Lichtstrahl zu dringen vermochte. Erst als Wera immer wieder betonte, dass Christus auch für ihre Schuld gestorben sei, war allmählich eine Reaktion in Annas traurigen Augen zu sehen gewesen. Ob sie damit in Annas Herz durchgedrungen war?

Wera glaubte ganz fest daran, obwohl Anna sich nie dazu äußerte. Seither schien es Wera, als hätte es einen ganz kleinen Riss in der dicken, bisher so undurchdringlichen Mauer um Annas Seele gegeben.

„Anna, dein Schicksal soll eine Mahnung sein. In Zukunft soll es für unverheiratete Mütter einen Weg geben, mit ihrem Kind zu leben. Das verspreche ich dir", erklärte Wera eines Tages mit Nachdruck.

„Wenn das möglich wäre ... dann, dann gäbe es wenigstens Hoffnung für die anderen", stotterte Anna mit ungläubiger Stimme. Ernst schaute Wera die junge Frau an.

„Ich verspreche es dir, Anna", wiederholte sie. „Ich werde nach einem Haus suchen, in dem ledige Mütter unterkommen können."

Zunächst erstarrte Anna, dann schlug sie die Hände vors Gesicht und weinte bitterlich. Danach drückte sie Wera wortlos die Hand, drehte sich um, verließ den Besuchsraum und ging zurück in ihre Zelle.

Einige Wochen später, als Wera sich wieder einmal aufgemacht hatte, Anna in der Haftanstalt zu besuchen, wurde sie an der Tür mit wenigen Worten abgefertigt.

„Ihr Schützling Anna ist vergangene Woche verstorben", erklärte der Gefängniswärter am Eingangstor. „Ihr Husten wurde in den letzten Tagen immer schlimmer. Dann kam hohes Fieber dazu. Sie ist schließlich an einer Lungenentzündung gestorben."

„Oder an gebrochenem Herzen", antwortete Wera traurig.

Betroffen machte sie sich auf den Heimweg. Das kurze Gespräch im Gefängnis ließ sie nicht los. Welch eine

Tragödie! Was für ein trauriges, notvolles Leben lag hinter diesem jungen Mädchen. Wie viele junge Frauen erlitten allein hier in Stuttgart ein ähnliches Schicksal? „Nein, Anna sollte nicht umsonst gestorben sein!“ schwor sich Wera.

So machte sie sich an die Arbeit: Sie führte Gespräche und schrieb Briefe, um auf ihr Anliegen aufmerksam zu machen. Sie zeigte die Not lediger Mütter auf und bat um Verständnis und Hilfe für diese armen Frauen. Und sie hatte im Laufe der Monate das Gefühl, auf Granit zu beißen, denn so einfach, wie es sich Wera vorgestellt hatte, war dieses Versprechen nicht einzulösen. Und doch, sie musste etwas unternehmen, auch wenn sie überall nur auf Unverständnis für ihre gutgemeinten Pläne stieß. Es gab zu viele junge Frauen, denen ein ähnliches Schicksal wie Anna drohte. Sie konnte und wollte sich dieser großen Not nicht verschließen. Das hatte sie Anna versprochen und das hatte sie sich geschworen.

„Wie können die Menschen diesen armen, ledigen Müttern allein die Verantwortung für ihre missliche Lage aufbürden? Wie können sie ein kleines Kind den Fehltritt seiner Eltern büßen lassen?“ fragte sich Wera immer wieder. „Wie einfach machen es sich doch diese Leute, die in gesicherten Verhältnissen leben und auf diejenigen herabsehen, denen aufgrund eines einzigen Fehltrittes jegliche Möglichkeit auf ein menschenwürdiges Leben genommen ist.“

Zorn und Enttäuschung nahmen Wera fast die Luft zum Atmen. Sie griff sich an den Hals, der ihr wie zugeschnürt schien. Sie zuckte zusammen, als sie ihr Perlencollier berührte, das mit Diamanten abgesetzt war und ihr Dekolleté schmückte. Nachdenklich fasste sie an ihre dazu passenden Ohrgehänge. Vorsichtig nahm sie das Collier ab und legte es auf den Tisch. Lange betrachtete sie den prachtvollen Schmuck.

Dann ging sie in ihr Schlafzimmer und schob die fast unsichtbare Tapetentür in der Wand auf. Ein Tresor mit vielen kleinen Schubladen wurde sichtbar. Sie öffnete eine Schublade nach der anderen, entnahm unzählige kostbare Schmuckstücke und breitete sie auf der Satindecke ihres Bettes aus: Ringe, Ketten, Colliers, Ohrgehänge, Haarspangen und Gürtelschnallen aus Gold, Silber, Perlen und Edelsteinen funkelten und glänzten, dass es nur so eine Pracht war. Es waren edle Erbstücke von Tante Olly, die diese aus der gemeinsamen russischen Heimat nach Stuttgart mitgebracht hatte. Die Königin hatte verfügt, dass ihr wertvoller Schmuck nach ihrem Tod in Weras Besitz übergehen sollte. Immer wieder strich Wera über die edlen Teile. Sie ließ einige der langen Ketten durch ihre Finger gleiten und spürte die Kühle der Perlen auf ihrer Hand. Sie bewunderte die glitzernden Juwelen und freute sich an den filigranen Goldschmiedearbeiten. Wie schön die Schmuckstücke waren! Lange betrachtete Wera die wertvolle Pracht nachdenklich. Sie liebte diese Erinnerungen an Tante Olly. Aber war sie nicht genauso unbarmherzig wie die Menschen, über die sie so zornig war, wenn sie all diese Schätze in ihrer Schatulle aufbewahrte? Was könnte sie mit diesem Reichtum Gutes tun! Ja, wenn sie diesen Schmuck veräußerte, wäre der Grundstock gelegt für den Bau einer Zufluchtsstätte für ledige Mütter. Wera klopfte das Herz bis zum Hals. Wollte sie das? Wäre sie dazu bereit? Wie vielen Müttern und Kindern konnte sie dadurch zu einer neuen Perspektive verhelfen. Und doch, ihr Herz hing an diesem Schmuck. Es waren Erbstücke, die dazu ausersehen waren, an ihre Nachkommen weitergegeben zu werden. Durfte sie diese einfach verkaufen? Konnte sie sich von diesen prächtigen Perlen und Juwelen trennen? Lange kämpfte Wera mit sich. Sie schloss die Augen. Wie sollte sie sich entscheiden? Plötzlich traf sie die Erinnerung wie ein Keulenschlag. Da stand sie als kleines Kind vor 45 Jahren in Petersburg, unverstanden, verwirrt und traumatisiert. Ihrer Verzweiflung konnte sie damals nur durch willkürliche Aggressionen Ausdruck verleihen. Oft begriff sie ihre gewalttätigen Reaktionen selbst nicht. Häufig hatte sie das Gefühl, dass in ihr ein unkontrollierbares Chaos tobte. Wie sollten ihre Mitmenschen ihre spontanen Wutausbrüche verstehen, wenn sie selbst nicht begriff, was in ihr vorging? Ihr Leben war bereits in jungen Jahren an einem Scheideweg angelangt. Was wäre mit ihr passiert, wenn damals nicht Tante Olly und Onkel Karl sie bereitwillig in Stuttgart aufgenommen und sie liebevoll auf ihrem Lebensweg begleitet hätten? Wie anders wäre ihr Leben in Petersburg verlaufen, weggesperrt in einer Anstalt auf unbestimmte Zeit? Wera schüttelte sich: Nein, diese Möglichkeit wollte sie sich lieber nicht weiter ausmalen. Wie gut, dass ihr Leben einen andere Wendung genommen hatte. Wenn Wera nachdachte, dann fielen ihr außer ihren Pflegeeltern noch viel mehr Menschen ein, die ihr liebevoll geholfen hatten, feste Schritte in die richtige Richtung zu gehen.

Annas trauriges Schicksal kam Wera wieder in den Sinn. Was wäre aus ihrem Leben geworden, wenn auch sie Menschen zur Seite gehabt hätte, die sie liebevoll unterstützt hätten? Ja, Anna hatte Schuld auf sich geladen, als sie ihr Kind tötete. Aber waren nicht auch andere Menschen an Anna schuldig geworden, als sie ihr die so notwendige Hilfe versagten? Und was war mit ihr selbst? Konnte sie jemals wieder diesen Schmuck tragen, ohne daran zu denken, wie vielen Menschen sie damit helfen könnte? Ja, war es nicht sogar ihre Pflicht, von dem, was sie hatte, abzugeben. Wem viel gegeben ist, von dem wird man viel fordern, so las sie kürzlich in ihrer Bibel. Wera zweifelte keinen Moment daran, dass sie zu den Menschen gehörte, denen unverhältnismäßig viel anvertraut worden war.

Unruhig ging sie in ihrem Zimmer auf und ab. Was sollte sie tun? Immer wieder wog sie die Argumente gegeneinander ab. Vor ihrem inneren Auge tauchte unvermittelt ein Bild auf: Sie sah eine Waage mit zwei Schalen vor sich. Auf der einen Seite lagen ihre wertvollen Perlen und Edelsteine, auf der anderen das Leben vieler Frauen mit ihren Kindern. Je länger sie sich dieses Bild ausmalte, desto deutlicher senkte sich die Waagschale in eine Richtung. Wera setzte sich in den Schaukelstuhl, der in der Ecke des Raumes stand. Sie schloss die Augen und ließ das Bild auf sich wirken. Nein, sie machte sich ihre Entscheidung nicht leicht. Lange dachte sie nach. Dann hatte sie einen Entschluss gefasst. Sie würde einen großen Teil ihres Familienschmucks zu Gunsten einer Stiftung für Zufluchtsstätten in Württemberg veräußern. Ein kleiner Teil sollte als Erbstücke erhalten bleiben. Ja, so war es richtig, Wera spürte es ganz deutlich. Sie atmete auf. Der Druck, der ihr fast den Atem genommen hatte, war verschwunden. Sie hatte sich entschieden, und es war ein guter Entschluss. Sie fühlte eine unerwartete Erleichterung und eine Freude in sich, jetzt, da sie einen Weg gefunden hatte, ihr Herzensanliegen zu realisieren.

Einige Tage später bat Wera ihren Sekretär zu sich.

„Verfassen Sie einen Antrag an König Wilhelm II für die Genehmigung einer Stiftung mit einem Vermögen von 166 000 Mark. Die Stiftung soll ihren Sitz in Stuttgart haben und den Namen „Zufluchtsstätten in Württemberg" führen. Ihr Zweck soll sein, unehelichen Müttern, mit oder ohne Kinder, sowie sittlich gefährdeten und gefallenen Personen weiblichen Geschlechts durch Errichtung von Zufluchtsstätten Unterkunft in der Weise zu gewähren, dass sie darin nicht bloß für kürzere oder längere Zeit Aufnahme und Beschäftigung, sondern auch Rettung für Seele und Leib finden können."

„Jawohl, Hoheit", stammelte der Mann überrascht, über die Entwicklung der Dinge. „Und die finanziellen Mittel ..."

„Ich bat Gott um die notwendigen Mittel – er schenkte sie mir. Das Wie tut nichts zur Sache, kurz, das Geld ist da", unterbrach ihn Wera. Jetzt, da die Entscheidung gefallen war, konnte es ihr nicht schnell genug gehen. Mit ungeheurer Energie trieb Wera ihr Anliegen voran.

Die Finanzierung war geklärt und der Realisierung des Projekts stand nun nichts mehr im Wege. Bereits im Dezember genehmigte König Wilhelm die Stiftung. Kurz darauf wurde ein passendes Haus gekauft und das Weraheim gegründet. Wera war glücklich. Mit jedem Tag, an dem das Projekt Fortschritte machte, spürte sie eine größere Befriedigung und Freude.

Epilog

Wir haben Gottes Spuren festgestellt
Auf unsern Menschenstraßen,
Liebe und Wärme in der kalten Welt,
Hoffnung, die wir fast vergaßen.
(Diethard Zils)

Wera stand am Fenster des Salons und genoss die Aussicht. Der Park vor der Villa Berg lag schneebedeckt. Der Himmel war stahlblau. Die Sonne ließ die Eiskristalle in alle Richtungen blinken und glitzern, dass es in den Augen blendete, und bot ein unbeschreibliches Schauspiel.

Eine große Müdigkeit erfasste Wera. Es war eine Erschöpfung, wie sie es oft erlebt hatte nach ihren langen, erlebnisreichen Wanderungen vor vielen Jahren im Engadin. Stets hatte sie dieses Gefühl geliebt, nach einer großen körperlichen Anstrengung abends die wohlverdiente Ruhe genießen zu können und sich bei einem guten Essen zu entspannen. Ein ähnliches Gefühl prägte ihr Leben seit einigen Tagen. Nachdenklich schaute Wera aus dem Fenster und genoss die Aussicht. Sie liebte den Blick auf den Park und die Stadt. Sie bedeuteten ihr Heimat und Geborgenheit. Die weiße Pracht strahlte etwas Beruhigendes aus, als läge die ganze Welt im Winterschlaf versunken. Sie spiegelte Weras Stimmung wider. Wera seufzte tief, anstrengende, arbeitsreiche Monate lagen hinter ihr. Es erfüllte sie mit unaussprechlicher Freude und Befriedigung, dass das Heim für Mütter in Not einen solch unerwarteten Zuspruch erfuhr. Das

Werk entwickelte sich ganz so, wie Wera es sich gewünscht hatte. Regelmäßig stattete sie den Frauen dort Besuche ab, tröstete und ermutigte die Bewohner und erkundigte sich bei den Mitarbeiterinnen nach ihrem Ergehen. Die Nachmittage in der Zufluchtsstätte machten ihr immer viel Freude, aber sie kosteten auch Kraft. Nie würde sie jene erschütternde Begegnung vor einigen Wochen vergessen. Eine Frau saß zitternd und völlig verstört in der Ecke der Eingangshalle. Eine lange, blutige Schramme lief quer über ihre Stirn, und ihr linkes Auge war blau. Zwei Mädchen, Wera schätzte sie auf etwa drei und fünf Jahre, drückten sich weinend an die Knie ihrer Mutter. Wera ging auf die Frau zu. Nach einigen behutsamen Fragen begann sie schließlich mit stockendender Stimme zu berichten. Ihr Ehemann hatte sie nach einem seiner Wirtshausbesuche gestern Abend wieder einmal geschlagen. Es war nicht das erste Mal gewesen. Sie wusste sich nicht mehr zu helfen und hatte Angst um sich und vor allem um ihre Kinder. So hatte sie nun am Morgen, noch bevor der Mann aus seinem Vollrausch erwacht war, beschlossen, diesem Elend zu entfliehen.

„Ich kann doch meinen beiden Mädels nicht zumuten, in dieser Hölle aufwachsen zu müssen. Ich wusste keinen anderen Ausweg mehr“, schluchzte die Mutter.

Wera konnte die Tränen angesichts dieser Not nicht mehr zurückhalten. Sanft strich sie der weinenden Mutter über den Kopf und tröstete sie, so gut es ging. Eine Mitarbeiterin versorgte die Verletzung und brachte die kleine Familie anschließend in den Speisesaal, wo das Mittagessen bereits wartete. Unendlich froh, dass es für diese arme Frau und ihre Mädchen hier eine Bleibe gab, verabschiedete sich Wera und machte sich mit ihrer Kutsche auf den Heimweg in die Villa Berg.

Oft begegnete sie bei ihren Besuchen Maria, die ihr ganz besonders am Herzen lag. Die junge Frau hatte vor einigen Monaten hochschwanger, völlig verzweifelt, an die Tür der Zufluchtsstätte geklopft. Erst nach längerem behutsamen Nachfragen hatte sie ihr Herz ausgeschüttet. Wie so viele junge Mädchen war sie als Dienstmädchen nach Stuttgart gekommen. Nach einem kurzen Techtelmechtel mit dem Sohn des Hauses war sie schwanger geworden. Die Eltern hatten ihrer Tochter entsetzt die Tür gewiesen.

„Mit einer Hure als Tochter wollen wir nichts zu tun haben, so wurde mir gesagt", schluchzte Maria. Die Dienstherrschaft hatte ihr sofort gekündigt „Dabei hat mir der Sohn meiner Dienstherrin hoch und heilig versprochen, dass nichts passieren würde."

Maria war vor der Entbindung ins Heim eingezogen. Nach der Geburt ihrer Tochter war sie richtiggehend aufgeblüht. Schon bald übernahm sie Aufgaben in der Wäscherei des Hauses und erwies sich als tüchtige Hilfe. Mit jedem Tag wuchs das Selbstbewusstsein der jungen Frau. Es war beeindruckend, den strahlenden Ausdruck in ihren Augen zu sehen, die noch vor Monaten hoffnungslos und starr auf den Boden geblickt hatten.

Immer mehr hilflose, in Not geratene Frauen suchten Zuflucht in dem Heim. Manchmal war Wera entsetzt, welche Abgründe an Leid sich auftaten, wenn sie mit den Frauen sprach, die dankbar waren, einen Unterschlupf für sich und ihre Kinder gefunden zu haben. Und doch freute sie sich jedes Mal, wenn sie sich mit ihrer Kutsche auf den Weg machte, um dem Weraheim – wie das Haus mittlerweile genannt wurde – einen Besuch abzustatten. Die Hilfe, die hier geleistet wurde, überstrahlte das Funkeln von Diamanten und Perlen um ein Vielfaches. Nein, es reute sie nicht, sich dafür von ihrem Schmuck getrennt zu haben.

Wera setzte sich an ihren Sekretär, öffnete ihn und entnahm ihm einen silbernen Stift und einen weißen Bogen Papier. Lange betrachtete sie nachdenklich das leere Blatt. In wenigen Monaten würde sie sich einen langgehegten Wunsch erfüllen. Sie würde eine Kirche stiften. Lange hatte sie darüber nachgedacht und dieses Gotteshaus geplant. Immer konkreter waren ihre Vorstellungen geworden. Bereits vor einigen Jahren hatte sie ein Grundstück vor dem Park für eine provisorische Kirche zur Verfügung gestellt. Nun sollte dort ein richtiges Gotteshaus gebaut werden. Vor ihrem inneren Auge sah sie das Gebäude bereits entstehen. In einem Jahr, so stellte sie es sich vor, würde sie aus dem Fenster der Villa schauen und unten am Fuß des Hügels den Kirchturm sehen. Die Menschen des Stadtteils Berg würden glücklich sein über ihr neues Gotteshaus und sonntags fröhlich in die Kirche strömen. Während sie, Wera, sich unter dem einladenden Geläute ebenfalls durch den Park hinunter auf den Weg machen würde. Wie sehr freute sie sich darauf, dass dieser Plan endlich Gestalt annahm. Heute, so hatte sie sich vorgenommen, wollte sie ihre Gedanken dazu schriftlich festhalten. Man kann in jeder Kirche selig werden, davon war Wera zutiefst überzeugt. Und doch hatte sie im Lauf ihres Lebens in Stuttgart in der evangelischen Kirche ihre geistliche Heimat gefunden. Im vergangenen Jahr war sie nach langem innerem Ringen in die evangelische Kirche übergetreten. Nun, da sie bald ein halbes Jahrhundert in Stuttgart verbracht hatte, wollte sie aus Dankbarkeit die Mittel für ein Kirchengebäude direkt unter der Villa Berg zur Verfügung stellen.

Am 8. Mai 1912, dem 38. Jahrestag ihrer Hochzeit, sollte die Grundsteinlegung für die neue Heilandskirche sein. So hatte sie es geplant. Weras Gedanken gingen zurück zu jenem denkwürdigen Tag, als sie mit ihrem Eugen vor dem Traualtar stand. „Ach Eugen, wie glücklich waren wir und wie unerwartet hat sich unser Leben entwickelt. Glücklicherweise wussten wir damals nicht, dass ich wenige Jahre später verzweifelt an deinem Totenbett stehen würde.“ Spontan beschloss Wera, den Vers, der sie seit jenen schrecklichen Stunden immer wieder getröstet hatte, über das Portal der Heilandskirche schreiben zu lassen. *„Kommet zu mir alle, die ihr mühselig und beladen seid, ich will euch erquicken!“* Wie oft hatte sie dieses Christuswort aufgerichtet, wenn ihr das Leben nur noch seine dunkle, schwere Seite zu zeigen schien.

Energisch wandte sich Wera der Gegenwart zu. Heute hatte sie sich vorgenommen den Text für die Stiftungsurkunde für die Kirche zu verfassen. Sie drehte ihren Stift hin und her. Dann rückte sie den leeren weißen Bogen Papier gerade. Was sollte sie schreiben? Lange dachte sie nach. Die Worte, so beschloss sie, sollten eine Art Vermächtnis werden. Doch wie sollte dies aussehen? Zunächst fiel es Wera schwer, ihre Gedanken in Worte zu fassen. Aber dann, plötzlich, schien der Damm gebrochen. Nun flossen die Worte fast wie von selbst auf das Papier. Sie schrieb:

Der wundersamen Fügung des Allmächtigen hat es gefallen, mich schon im Kindesalter nach Stuttgart zu verpflanzen, wo ich eine sonnige Jugend genoss unter dem elterlich liebenden Schutz unserer unvergesslichen Majestäten des Königs Karl von Württemberg und seiner Gemahlin, Olga, meiner Tante die, kinderlos geblieben, mich ganz als ihr Kind aufnahmen und mir die sorgsamste Erziehung angedeihen ließen.

Als nun der große Krieg im Jahr 1870 mit seiner auch das ganze Schwabenland gewaltig durchbrausenden patriotischen Erhebung losbrach, da fühlte auch ich mein junges Herz für das neue Vaterland erglühen, und seine edlen Sitten, seine festen Grundsätze gewannen ahnungsvoll meine ersten Sympathien. Als mir das schöne Land Württemberg dann durch meine Heirat mit einem seiner Söhne vollends zur zweiten Heimat geworden war, da erschloss sich in mir auch der innere Wert der tief wurzelnden Lehre seiner evangelischen Kirche, und es wurde von Jahr zu Jahr immer klarer in mir, wo die Wahrheit zu finden war. Endlich durfte ich nach langem Warten und stillem Gehorsam mich in den Schoß der evangelischen Kirche aufnehmen lassen, der mein Herz mit all seinen Fasern schon längst angehörte.

In aller Stille wuchs in mir das Verlangen, meine innersten Gefühle treuesten Gedenkens für alles im geliebten Schwabenland Erlebte durch eine Dankestat zu bekunden. So wähle ich dafür den Zeitpunkt, da fünfzig Jahre vergangen sind, seitdem ich den Fuß in dieses schöne Land setzen durfte. Nun ist durch Gottes Gnade dieser Augenblick bald gekommen und damit die Zeit, meine Gedanken zu verwirklichen.

Mit Gottes Hilfe schreite ich zur Grundsteinlegung der von mir geplanten Erbauung der Kirche, die unter dem Namen „Heilandskirche" der Dank für meine vor fünfzig Jahren erfolgte Ankunft in Stuttgart sein soll.

Möge dieses Gotteshaus mit dem dazugehörigen Gemeinschaftssaal dienen zur Ehre Gottes und zur Verbreitung seines lebendigen Wortes, zur segensreichen Anleitung unserer Jugend, der Zukunft unseres Landes und dem Aufbau des kommenden Reiches Jesu Christi.

Wera erlebte die Grundsteinlegung der Heilandskirche nicht mehr. Sie verstarb am 11. April 1912.

Die Heilandskirche wurde am 2. Dezember 1913 im Beisein ihrer Töchter Elsa und Olga und des württembergischen Königspaares eingeweiht, 50 Jahre nachdem Wera zum ersten Mal württembergischen Boden betreten hatte.

Das Weraheim besteht bis heute als Hilfsangebot und Wohnmöglichkeit für Schwangere, Mütter, Väter und Kinder in Not.

Anhang

Die Heilandskirche

Die Heilandskirche wurde am 2. Dezember 1913 eingeweiht. Dazu veröffentlichte der Schwäbische Merkur folgenden Bericht:

Die Einweihung der Heilandskirche in Berg.

Stuttgart 2 Dez. - Reicher Fahnenschmuck der umliegenden Straßen und eine festlich gekleidete Menge auf dem Platz vor dem schmucken Gotteshaus kündeten die Einweihung der von der verewigten Herzogin Wera gestifteten Heilandskirche an. Eine eingehende Würdigung des Baus ist an dieser Stelle (Ab.Bl. vom 29. Nov.) schon gegeben worden, und es wurde auch bereits auf die tiefere Bedeutung des Einweihungstages verwiesen: sind doch an ihm 50 Jahre vergangen, seit die Stifterin in Württemberg ihre zweite Heimat fand. Eingeleitet wurde nun der festliche Tag durch einen Choral, der morgens 8 Uhr vom Turm herab geblasen wurde, nachdem schon am Vorabend die drei Glocken der neuen Kirche zum ersten Mal der Gemeinde ihre Stimmen kundgaben. Das Königspaar, das, wie erinnerlich, auch der Grundsteinlegung anwohnte, erschien kurz vor 10 Uhr im Automobil, der König in Uniform der roten Ulanen, deren Chef ja Herzogin Wera seinerzeit war, die Königin in einer dunkelblauen Robe mit Pelz. Am Eingang des Vorhofs zur Kirche wurde das Königspaar empfangen von Stadtdekan Traub, Stadtpfarrer Gölz und dem Erbauer der Kirche, Ob.Baurat Eisenlohr. Nach der Begrüßung schritten der König und die Königin durch das Spalier der stattlich vertretenen Geistlichkeit zum Hauptportal der Kirche, vor dem sich die Festgäste versammelt hatten. Es befanden sich darunter Herzogin Philipp, Herzog Philipp Albrecht, Herzog Robert mit Gemahlin, die Prinzessinnen Elsa und Olga von Schaumburg-Lippe, die Töchter der Stifterin mit deren Enkelkindern, Herzog Wilhelm von Urach mit seiner ältesten Tochter, der Fürstin Elisabeth, weiter Kultusminister Dr. v. Habermaas, O.B.M. Lautenschlager und B.A.Obm. Dr. Wölz als Vertreter der Stadt, sowie auch Kammerherr v. Vischer-Ihingen, der frühere Hofmarschall der Herzogin Wera und deren frühere Hofdame Freiin v. Röder.

Auf schwarzen Seidenkissen überreichte zunächst der Baumeister Ob.Baurat Eisenlohr den Schlüssel zum Gotteshaus mit kurzer Ansprache dem König, der ihn wiederum an Stadtpfarrer Gölz weitergab und dabei den Wunsch ausdrückte, dass der Segen des Herrn auf dem neuen Gotteshause ruhen möge. Nachdem Stadtpfarrer Gölz gedankt, erfolgte der Eintritt in das Gotteshaus, das bereits dicht gefüllt von Gemeindemitgliedern war. Der gemeinsame Gesang von „Lobe den Herren" leitete nunmehr die eigentliche Feier ein, worauf Stadtdekan Traub vor den Altar trat zu Weiherede und Gebet. Des Heilands, des Paten der Kirche, gedachte der Geistliche zunächst und erinnerte darauf in Worten des tiefsten Dankes an die hochherzige Fürstin, der es leider nicht vergönnt war, den Tag zu erleben, an dem das von ihr gestiftete Gotteshaus eingeweiht wurde, das seinen Platz bekommen habe nahe der Villa Berg, in der Frühlingsgrün und Todesschatten der Herzogin beschieden waren. Die evangelische Gemeinde von Groß-Stuttgart und dem ganzen Lande feiere diesen Tag mit und begrüße dankbar die Teilnahme des Königspaars, sowie des ganzen königlichen Hauses, insonderheit der Prinzessinnen Elsa und Olga, die den Willen ihrer fürstlichen Mutter zu Ende führten. Wie eine feste Burg liege nun die Kirche in sich geschlossen nahe dem Park mit seinen stillen Bäumen; (...) Möge von der Kanzel herab immer das Wort der Versöhnung gekündet werden, möge in diesem Raume neben dem Miserere das Lied „Christ ist erstanden" nie verklingen, möge sich in der Kirche das Wort bewahrheiten, dass Ruhe und Gebet alles ausgleichen. So möge die Kirche eine Friedensstatt werden, aber auch ein Kraftwerk, eine Station der göttlichen Kraft des Duldens, die zum Siege führe. Und wie Kirche und Gemeindesaal in dem Gotteshaus vereint seien, so möge sie auch stets ein Beweis sein für die freundschaftliche Zusammenarbeit von Kirche und Gemeinde. Nach dem Gebet brausten dann erstmals die Klänge der Orgel durch den weiten Raum und begleiteten den Kirchenchor der Friedensgemeinde, der den erhebenden, von Mus.Dir. M. Koch komponierten 100. Psalm „Jauchzet dem Herrn, alle Welt" sang. Der Komponist saß dabei selbst an der Orgel und gab schöne Proben von der Klangfülle des neuen Instruments.

Über dem Hauptportal der Kirche stehen in Stein gemeißelt die Worte „Kommet her zu mir alle, die ihr mühselig und beladen seid", und diese Worte aus Matth. 11, 28 bis 30 legte Stadtpfarrer Gölz seiner Predigt zu Grunde, um in prachtvoller, tiefinnerlicher Weise die Bedeutung der tröstlichen Heilandsworte zu ergünden und sie als Motto für das Gotteshaus zu deuten. Nach dem Schlussgebet folgte wiederum ein Gemeindegesang mit Orgelbegleitung (Lehrer Fritz) und zwar „Selig, ja selig ist der zu nennen". Sodann wurde durch Stadtpfarrer Gölz die übliche Taufe vorgenommen; das Königspaar stand Pate bei den Täuflingen, welche die Namen Wilhelm und Charlotte Wera erhielten. Auf diese heilige Handlung folgte der Vortrag des von Karl Butscher komponierten „Andante religioso" durch das Trompetenkorps der

Königsdragoner unter Leitung des Kgl. Mus.Dir. B. Stoy. Generalsuperintendent Prälat v. Stahlecker überbrachte zum Schluss dann der Gemeinde die Glückwünsche der evangel. Kirchenbehörde zum neuen schönen Gotteshaus, das zum Gedächtnis der Stifterin dienen möge, aber auch zum Gedächtnis des ewigen Gottes. Prälat v. Stahlecker sprach auch das Schlussgebet und spendete der Festgemeinde den Segen. Mit dem gemeinsamen Gesang von „So nimm denn meine Hände" endete die erhebende Feier. - Unter Führung der Geistlichkeit und des Erbauers besichtigten darauf das Königspaar und die Gäste noch das Gotteshaus, das am nächsten Sonntag der allgemeinen Besichtigung zugänglich ist.

Aus: Schwäbischer Merkur, Ausgabe 2.12.1913, Abendblatt

Die Kirche wurde 1944 während eines Bombenangriffs zerstört. Zunächst errichtete man nach dem Krieg eine Notkirche. Später wurde wieder eine neue Heilandskirche gebaut, die am 31. 5. 1964 eingeweiht wurde. Heute gehören zur Gemeinde der Heilandskirche etwa 1000 Gemeindemitglieder.

Das Weraheim

Die Kirchliche Stiftung „Zufluchtsstätten in Württemberg" unterstützt auch heute noch mit unterschiedlichen Angeboten Familien in Notsituationen.

Das Haus für Mutter und Kind hilft Schwangeren, Müttern, Vätern und ihren Kindern, die aufgrund persönlicher und familiärer Schwierigkeiten eine intensive sozialpädagogische Betreuung benötigen. Ziel ist es, Menschen zu einem eigenständigen, selbstverantwortlichen Leben zu befähigen, die Mutter-Vater-Kind-Beziehung zu stärken und die zukünftige Lebensperspektive mit oder ohne Kind zu klären. Die Hilfe geschieht ohne Ansehen der Konfession und der Nationalität.

In öffentlichen Kinderkrippen werden Kinder im Alter bis zu drei Jahren, in einer Gruppe bis 6 Jahre betreut. Die qualifizierten Mitarbeiterinnen begleiten die Kinder in ihrem Tagesablauf und fördern sie ausgehend von ihrem individuellen Entwicklungsstand.

Herzogin Wera gründete im Jahr 1909 die „Kirchliche Stiftung Zufluchtsstätten in Württemberg", als sie von den Problemen einer jungen Mutter erfuhr, die versuchte ihr Kind zu töten. Sie wollte Frauen mit ihren Kindern in Not einen Ort der Zuflucht bieten.

Manche Frauen müssen auch heute noch ihre Schwangerschaft verheimlichen und ihr Kind ohne medizinische Hilfe und in aller Heimlichkeit gebären. Sie befinden sich in einer extrem belastenden, subjektiv zunächst ausweglos erscheinenden Situation. Zur Ergänzung des bestehenden Hilfeangebotes für die betroffenen Frauen – und um den Gedanken der Stifterin fortzusetzen – richtete das Weraheim im April 2002 eine Babyklappe ein. Hier können die Mütter ihr Kind anonym und straffrei abgeben. Die Annahme von ausgesetzten Kindern hat eine lange, kirchliche Tradition: Früher haben Mütter ihre Säuglinge auf die Kirchentreppe gelegt oder an der Klosterpforte abgegeben, um sie vertrauensvoll in die

Obhut der Kirche zu übergeben. Und so ist es nur konsequent, dass sich das Weraheim als diakonische Einrichtung nach langer Diskussion in der Öffentlichkeit und mit den Gemeinderäten für die Einrichtung der Babyklappe im Jahr 2002 entschieden hat.

König Karl und Königin Olga mit Wera

Herzog Eugen und Herzogin Wera bei ihrer Verlobung

Hochzeitsbild von Herzogin Wera und Herzog Eugen 1874

Herzogin Wera mit ihrem Bruder Konstantin und den beiden Töchtern Elsa und Olga

Herzogin Wera bei der Krönung des Zaren Nikolaus II. in Moskau 1896

Besuch der Töchter Elsa und Olga und des Schwiegersohns Albrecht mit ihren Kindern bei Herzogin Wera

Einweihung der Heilandskirche am 2. Dezember 1913 bei der Ankunft des Königspaares

Zeittafel Wera von Württemberg

16. Februar 1854	Geburt von Wera in St. Petersburg
1862	Umzug nach Warschau
Dezember 1863	Wera kommt nach Stuttgart
1870/71	Deutsch-Französischer Krieg
1864	Krönung von König Karl I. und Königin Olga
1871	Wera wird von Königin Olga und König Karl adoptiert
Januar 1874	Verlobung mit Herzog Wilhelm Eugen von Württemberg
8. Mai 1874	Hochzeit von Wera und Wilhelm Eugen von Württemberg
8. April 1875	Geburt des Sohnes Karl Eugen
November 1875	Tod von Karl Eugen
1. März 1876	Geburt der Zwillinge Elsa und Olga
27. Januar 1877	Tod von Wilhelm Eugen von Württemberg

6. Oktober 1891	Tod von König Karl I. von Württemberg
30. Oktober 1892	Tod von Königin Olga von Württemberg
1897	Hochzeit von Elsa von Württemberg und Albrecht zu Schaumburg-Lippe
1898	Hochzeit von Olga von Württemberg und Maximilian zu Schaumburg-Lippe
1908	Gründung der Stiftung „Zufluchtsstätten in Württemberg“
11. April 1912	Tod von Wera von Württemberg
8. Mai 1912	Grundsteinlegung der von Wera gestifteten Heilandskirche im Beisein von Elsa und Olga zu Schaumburg-Lippe
2. Dezember 1913	Einweihung der Heilandskirche

Literaturverzeichnis

Decker-Hauff, Hansmartin: Frauen im Hause Württemberg, Leinfelden-Echterdingen 1998

Frevert, Ute, Haupt, Heinz-Gerhard (Hrsg.) Der Mensch des 19. Jahrhunderts Frankfurt/Main 1999

Hofmann-Hege, Charlotte: Tausend Sterne hat die Nacht. Ein außergewöhnliches Leben, Heilbronn 1995

Honeck, Jürgen, Drei württembergische Könige, Muhlacker, Irdning 2008

Jena, Detlef: Königin Olga von Württemberg, Regensburg 2009

Lorenz, Sönke, Mertens, Dieter, Press Volker (Hrsg.) Das Haus Württemberg. Ein biographisches Lexikon, Stuttgart 1987

Podewils, Gräfin von, Sophie Dorothee (Hrsg.): Traum der Jugend goldner Stern. Aus den Aufzeichnungen der Königin Olga Nikolajewna von Württemberg, Pfullingen 1955

Sachs-Collignon, Jetta: Königin Olga von Württemberg, Historischer Roman, Mühlacker, Irdning 1991

Sauer, Paul: Regent mit mildem Zepter. König Karl von Württemberg, Stuttgart 1999

Sauer, Paul: Wenn Liebe meinem Herzen fehlt, fehlt mir die ganze Welt. Herzogin Wera von Württemberg, Großfürstin von Russland 1854-1912, Filderstadt 2004

Sauer, Paul: Das Werden einer Großstadt. Stuttgart zwischen Reichsgründung und Erstem Weltkrieg, Stuttgart 1988

Sauer, Paul, Reformer auf dem Königsthron. Wilhelm I. von Württemberg, Stuttgart 1997

Sauer, Paul, Württembergs letzter König. Das Leben Wilhelm II, Stuttgart 1994

Thomsen, Sabine: Die württembergischen Königinnen, Charlotte Mathilde, Katharina, Pauline, Olga, Charlotte – ihr Leben und Wirken, Tübingen 2007

Uhland, Robert (Hrsg.): Das Tagebuch der Baronin Eveline von Massenbach, Hofdame der Königin Olga von Württemberg, Stuttgart 1897

Verzeichnis der Abbildungen